本书系中共山东省委党校（山东行政学院）创新课题"乡村振兴战略下扶贫攻坚的理论与提升路径研究"（课题编号：2021CX011）的研究成果

乡村振兴战略下的农村帮扶理论与路径研究

张雷刚 著

中国商务出版社
CHINA COMMERCE AND TRADE PRESS

图书在版编目（CIP）数据

乡村振兴战略下的农村帮扶理论与路径研究 / 张雷
刚著 . -- 北京：中国商务出版社，2021.12
ISBN 978-7-5103-4125-0

Ⅰ．①乡… Ⅱ．①张… Ⅲ．①农村－扶贫－研究－中
国 Ⅳ．① F323.8

中国版本图书馆 CIP 数据核字（2021）第 237779 号

乡村振兴战略下的农村帮扶理论与路径研究
XIANGCUN ZHENXING ZHANLÜEXIA DE NONGCUN BANGFU LILUN YU LUJING YANJIU
张雷刚 著

出　　版：中国商务出版社	
地　　址：北京市东城区安定门外大街东后巷 28 号　　邮编：　100710	
责任部门：教育事业部（010-64283818　　gmxhksb@163.com ）	
责任编辑：刘姝辰	
总 发 行：中国商务出版社发行部　（010-64208388　64515150 ）	
网购零售：中国商务出版社考培部（010-64286917）	
网　　址：http://www.cctpress.com	
网　　店：https://shop162373850.taobao.com/	
邮　　箱：cctp6@cctpress.com	
印　　刷：北京四海锦诚印刷技术有限公司	
开　　本：710 毫米 ×1000 毫米　1/16	
印　　张：12.25　　　　　字　　数：188 千字	
版　　次：2023 年 6 月第 1 版　　印　　次：2023 年 6 月第 1 次印刷	
书　　号：ISBN 978-7-5103-4125-0	
定　　价：48.00 元	

前　言

　　本书系中共山东省委党校（山东行政学院）创新课题"乡村振兴战略下扶贫攻坚的理论与提升路径研究"（课题编号：2021CX011）的研究成果。

　　贫困是人类社会的顽疾。反贫困始终是古今中外治国安邦的一件大事。经过全党全国各族人民的共同努力，2020年现行标准下中国9899万农村贫困人口全部脱贫，832个贫困县全部摘帽，12.8万个贫困村全部出列，区域性整体贫困得到解决，我国完成了消除绝对贫困的艰巨任务。

　　"我们立足我国国情，把握减贫规律，出台一系列超常规政策举措，构建了一整套行之有效的政策体系、工作体系、制度体系，走出了一条中国特色减贫道路，形成了中国特色反贫困理论。"在全国脱贫攻坚总结表彰大会上，习近平总书记深刻总结了我国在脱贫攻坚中形成的重要经验和认识，强调这些重要经验和认识是我国脱贫攻坚的理论结晶，是马克思主义反贫困理论中国化的最新成果，必须长期坚持并不断发展。

　　中国的脱贫攻坚的相关理论和经验，对于我国扶贫开发工作在攻坚拔寨冲刺期的总攻方案的制定具有指导意义，为我国打赢脱贫攻坚战、消除绝对贫困指明了方向，对于我国全面建成小康社会、实现第一个百年奋斗目标具有重大促进作用。对中国扶贫的相关理论进行系统的研究，无论是在政治上，还是在理论上、实践上都具有重要的现实价值与深远的历史意义。

本书综合运用贫困恶性循环理论、不平衡增长理论、共享性增长理论、可持续旅游理论、旅游乘数理论、利益相关者理论以及社区参与理论，进一步明晰了贫困、旅游扶贫、产业扶贫、精准扶贫、金融扶贫的概念，并详细分析了贫困脆弱性、相对贫困产生的原因和相应的解决措施。对扶贫攻坚的实现路径，本书分别从乡村旅游、产业扶持、精准扶贫、金融帮扶四个角度做了较系统的理论分析与阐述。虽然限于篇幅，对相关问题的探究还需要进一步深入，但希望本书的出版能够引起较广泛的关注，可以为中国扶贫工作贡献一分力量。

在研究过程中，笔者借鉴和参考了有关专家学者的研究成果，在此表示衷心感谢。

张雷刚

2021年2月

目　录

第一章　乡村振兴战略概述

当前，我国精准扶贫进入决胜阶段，乡村振兴处于战略起步阶段。精准扶贫与乡村振兴在战略设计上具有一定的承继性、兼容性和内在契合性。从理论层面看，精准扶贫是乡村振兴的首要任务，乡村振兴是精准脱贫的逻辑延续。从实践层面看，乡村振兴战略的大力推进也为精准扶贫创造了良好的政策环境和资源条件。为了更好地打赢脱贫攻坚战，我们有必要首先对乡村振兴战略有一个初步的了解。

第一节　乡村振兴战略的背景及重要意义

乡村振兴战略是我国推进农村税费改革、新农村建设、城乡一体化改革之后的又一重大战略决策，具有重大历史性、理论性和实践性意义。

一、乡村振兴战略的背景

"十三五"时期，我国农业农村发展的外部条件和内在动因正在发生深刻的变化，既存在不少有利条件，也面临着很多困难和挑战。

从有利条件看，一是中央高度重视"三农"工作，加快补齐农业农村短板已经成为全党全社会的共识，我国发展仍处于可以大有作为的重要战略机遇期，经济长期向好的基本面没有改变，强农惠农富农政策体系将更加完善。二是粮食等主要农产品供给充足，城乡居民消费结构加快升级，新一轮科技革命和产业变革正在孕育兴起，为农业转方式、调结构、拓展发展空间提供了强有力的支撑。三是农村改革和城乡一体化深入推进，将进一步激发农村的发展活力，为促进农民增收和农村繁荣提供持续动力。四是全球经济一体化进程加快以及"一带一路"倡议等的实施，有利于更好地统筹利用两个市场、两种资源，缓解国内资源环境压力，优化国内农业结构。

从困难挑战看，一是农业供给侧结构性改革任务艰巨，稻米、小麦和玉米等农产品库存积压和优质化、多样化、专用化农产品供给不足并存，农业生产成本持续上升，农业生产效益低而不稳，农业基础设施建设滞后，农产品质量安全风险增多，农业面临的国际竞争压力加大。二是农业资源环境问题日益突出，水土资源紧张，部分地区耕地基础地力下降明显，面源污染加重，拼资源、拼消耗的生产方式难以为继，农村劳动力老龄化加速，专业型、技术型、创新型人才和青壮年劳动力缺乏，谁来种地问题逐步显现，实现农业的持续发展任重道远。三是我国经济发展进入新常态，经济增速放缓，持续大幅增加财政"三农"投入空间有限，促进农民工外出就业和工资增长难度加大。四是城乡二元结构问题突出，城乡资源要素平等交换和均衡配置仍存在体制性障碍，农村基础设施和公共服务依然薄弱，缩小城乡差距任务繁重。

"十三五"时期我国农业农村发展机遇与挑战并存，希望与困难同在，实现农业稳定发展、农民持续增收的任务非常艰巨。必须牢固树立强烈的短板意识，坚持问题导向，不断创新工作思路，凝聚各方力量，落实新发展理念，破解发展难题，合力开拓农业农村工作新局面。

二、实施乡村振兴战略的重要意义

党的十九大报告作出实施乡村振兴战略的重大决策部署，具有重大的历史性、理论性和实践性意义。从历史角度看，它是在新的起点上总结过去，谋划未来，深入推进城乡发展一体化，提出乡村发展的新要求、新蓝图。从理论角度看，它是深化改革开放，实施市场经济体制，系统解决市场失灵问题的重要抓手。从实践角度看，它是呼应老百姓新期待，以人民为中心，把农业产业搞好，把农村保护建设好，把农民发展进步服务好，提高人的社会流动性，扎实解决农业现代化发展、社会主义新农村建设和农民发展进步遇到的现实问题的重要内容。

（一）实施乡村振兴战略是解决人民日益增长的美好生活需要与不平衡不充分的发展之间的矛盾的迫切要求

中国特色社会主义进入新时代，这是党的十九大报告作出的一个重大判断，它明确了我国发展新的历史方位。新时代，伴随社会主要矛盾的转化，对经济社会发展提出了更高的要求。新时代我国社会的主要矛盾已经转化为人民日益增长的美好生活需要和不平衡不充分的发展之间的矛盾。改革开放以来，随着工业化的快速发展和城市化的深入推进，我国城乡出现分化，农村发展也出现分化。目前最大的不平衡是城乡之间发展的不平衡和农村内部发展的不平衡，最大的不充分是"三农"发展的不充分，包括农业现代化发展的不充分，社会主义新农村建设的不充分，农民群体提高教科文卫发展水平和共享现代社会发展成果的不充分等。从决胜全面建成小康社会，到基本实现社会主义现代化，再到建成社会主义现代化强国，解决这一新的社会主要矛盾需要实施乡村振兴战略。

（二）实施乡村振兴战略是解决现代市场经济体系运行矛盾的重要抓手

改革开放以来，我国始终坚持市场经济改革方向，市场在资源配置中发挥着重要的作用，提高了社会稀缺资源的配置效率，促进了生产力发展水平的大幅提高，社会劳动分工越来越深、越来越细。随着市场经济的深入发展，需要考虑市场体制运行所内含的生产过剩矛盾以及经济危机等问题，需要不断扩大稀缺资源配置的空间和范围。

解决问题的主要途径是实行国际国内两手抓，除了把对外实行开放经济战略、推动形成对外开放新格局，包括以"一带一路"建设为重点加强创新能力开放合作，拓展对外贸易、培育贸易新业态新模式、推进贸易强国建设，实行高水平的贸易和投资自由化便利化政策，创新对外投资方式、促进国际产能合作，加快培育国际经济合作和竞争新优势等作为重要抓手外，也需要把对内实施乡村振兴战略作为重要抓手，形成各有侧重和相互补充的长期经济稳定发展的战略格局。由于国际形势复杂多变，相比之下，实施乡村振兴战略更加安全可控、更有可能做好和更有福利效果。

（三）实施乡村振兴战略是实现农业现代化的重要内容

经过多年的持续不断的努力，我国农业农村的发展取得了重大成就，现代农业建设取得了重大进展，粮食和主要农产品供求关系发生重大变化，大规模的农业剩余劳动力转移进城，农民收入持续增长，农村改革实现重大突破，农村各项建设全面推进，为实施乡村振兴战略提供了有利条件。与此同时，在实践中，由于历史原因，目前农业现代化发展、社会主义新农村建设和农民的科技教育、文化素质发展之间存在很多突出问题迫切需要解决。

随着我国经济不断发展，城乡居民收入不断增加，广大市民和农民都对新时期农村的建设发展存在很多期待。把乡村振兴作为党和国家战略，统一思想，提高认识，明确目标，完善体制，搞好建设，加强领导和服务，不仅呼应了新时期全国城乡居民发展的新期待，而且将引领农业现代化发展、社会主义新农村建设以及农民科技文化素质的提高。

第二节　乡村振兴战略规划制定的基础与模式

制定乡村振兴战略规划要以正确处理好五大关系为基础，并在此基础上把握好乡村振兴战略的类型与层级。

一、乡村振兴战略规划制定的基础

乡村振兴战略规划是一个指导未来30余年乡村发展的战略性规划和软性规划，涵盖范围非常广泛，既需要从产业、人才、生态、文化、组织等方面进行创新，又需要统筹特色小镇、田园综合体、全域旅游、农村城镇化等重大项目的实施。因此，乡村振兴战略规划的制定首先必须厘清五大关系：20字方针与五个振兴的关系；五个振兴之间的内在逻辑关系；特色小镇、田园综合体与乡村振兴的关系；全域旅游与乡村振兴的关系；农村城镇化与乡村振兴的关系。

（1）20字方针与五个振兴的关系。产业兴旺、生态宜居、乡风文明、治理有效、生活富裕的20字方针是乡村振兴的目标。习近平总书记要求农村突现的五个振兴——产业振兴、人才振兴、文化振兴、生态振兴、组织振兴是实现乡村振兴的战略逻辑，亦即20字乡村振兴目标的实现需要五个振兴的稳步推进。

（2）五个振兴之间的内在逻辑关系。产业振兴、人才振兴、文化振兴、组织振兴、生态振兴是构成乡村振兴不可或缺的重要因素。其中，产业振兴是乡村振兴的核心与关键，而产业振兴的关键在人才，以产业振兴与人才振兴为核心，五个振兴之间构成互为依托、相互作用的内在逻辑关系。

（3）特色小镇、田园综合体与乡村振兴的关系。2016年住房城乡建设部、国家发展改革委、财政部等三部委决定在全国范围内开展特色小镇培育工作，2017年中央一号文件首次提出了田园综合体的概念，2018年中央一号文件公布全面部署实施乡村振兴战略，三者之间存在较为密切的内在关系。从乡村建设角度而言，特色小镇是点，是解决三农问题的一个手段，其主旨在于壮大特色产业，激发乡村发展的动能，形成城乡融合发展的格局；田园综合体是面，是充分调动乡村合作社与农民力量，对农业产业进行综合开发，构建以"农"为核心的乡村发展架构；乡村振兴则是在点、面建设基础上的统筹安排，是农业、农民、农村的全面振兴。

（4）全域旅游与乡村振兴的关系。全域旅游与乡村振兴同时涉及区域的经济、文化、生态、基础设施与公共服务设施等方面的建设，通过"旅游+"建设模式，全域旅游在解决三农问题、拓展农业产业链、助力扶贫等方面发挥着重要的作用。

（5）农村城镇化与乡村振兴的关系。乡村振兴战略的提出并不是要否定城镇化战略，相反，两者是共生发展前提下的一种相互促进结构。这主要表现在以下两个方面：首先，在城乡生产要素的双向流动下，城镇化的快速推进将对乡村振兴起到辐射带动作用；其次，乡村振兴是解决城镇化发展问题的重要途径。

二、实施乡村振兴战略规划的模式与措施

（一）乡村振兴战略规划的模式

中共中央、国务院印发的《乡村振兴战略规划（2018—2022年）》（以下简称《规划》）中提出，要顺应村庄发展规律和演变趋势，根据不同村庄的发展现状、区位条件、资源禀赋等，按照集聚提升、融入城镇、特色保护、搬迁撤并的思路，分类推进乡村振兴，不搞一刀切。同时，《规划》将乡村分为四类，分别是集聚提升类村庄、城郊融合类村庄、特色保护类村庄、搬迁撤并类村庄。

在进行乡村振兴战略规划时，可以根据不同乡村的特征来确定该乡村发展的核心驱动力，并以此打造特色产业链，促进乡村发展。依据核心驱动力不同，乡村可分为以下四种模式。

1. 科技驱动型

科技驱动型以技术为核心动力，这里的"技术"主要有两种：一种是农业技术，另一种是高新技术产业。

（1）农业科技。农业农村部办公厅发布的《乡村振兴科技支撑行动实施方案》，提出要打造1 000个乡村振兴科技引领示范村（镇）。具体可分为：推动我国农业农村产业升级发展的示范村、推动我国农业绿色发展的示范村、推动我国农村产业兴旺的示范村、推动我国农村质量效

益竞争力提升的示范村。

（2）高科技产业。以日本的神山町为例，日本启动了"乡土远程办公"计划，神山町根据这一计划，将一个曾经无人问津的偏远乡村，打造成为一个适宜移居和投资的热土，不仅吸引了日本国内的企业和年轻人，还吸引了大量外国人。神山町根据自身的特点完善当地硬件设施，出台各种优惠政策，鼓励进行文创和科创。如今，神山町先进的基础设施与优美的自然环境吸引了许多企业与年轻人，聚集了以IT和广告行业为代表的33家卫星企业。不仅如此，为了提高居住的舒适感，神山町还配备了茶馆、面包店、咖啡馆、百货公司、书店、文化中心、牙科诊所、农场、食品店、综合办公楼等一系列配套项目，逐步成为日本新农村产业振兴的典范。

2. 文旅驱动型

乡村旅游可以增加地方政府的财政收入，也可以为当地村民带来实实在在的就业机会。近年来，乡村旅游的发展逐渐呈现出产业规模化和产品多样化的趋势。与科技产业不同，旅游业的发展必须依靠得天独厚的资源禀赋、独具特色的自然资源和丰富灿烂的文化遗产，这些是旅游业发展的关键要素。

3. 康养驱动型

只有基于对大城市郊区度假和养老市场的洞察，才有投资兴建新型农村度假康养项目的市场基础。

康养项目一般以农业、旅游、社区和颐养为主要功能布局，依靠区域特色资源打造集康疗资源、休闲度假、观光旅游、社区颐养等功能为一体的特色乡镇，同时该项目可以提供四种服务系统：健康医疗服务系统、文化教育服务系统、农业生产服务系统、居家生活服务系统。

健康医疗服务系统：为每一个入住者建立完备的家庭健康档案，并定期提供健康检查和健康促进计划，以满足各年龄段入住者的健康护理需求。

文化教育服务系统：为全年龄段入住者提供各类文化、亲子娱乐、养生休闲服务。

农业生产服务系统：庭院和田园将成为每个家庭的标准配置，可以极大满足目标客群诗意栖居的田园情结。

居家生活服务系统：提供居家农艺服务，构建农夫市集、农业硅谷、有机农业科普等，为入住者提供专业的农业顾问服务。同时以餐厅、慢生活街区等配套，为每一位入住者提供周到的居家生活服务。

4. 艺术驱动型

对于艺术驱动型而言，让艺术介入乡村，复兴当地的乡村精神、乡村文化是最重要的目标。它通过内在情感的渗透，引起共鸣，帮助人们寻找记忆深处的乡村情感与精神。具体实践过程中，采用何种艺术形式显得尤为重要，只有合理的介入方式才有可能获得当地群众的支持，才能使艺术真正融入乡村，成为乡村的代名词。

（二）实施乡村振兴战略的措施

在实施乡村振兴战略的实践中，各级政府和乡村基层组织因地制宜，创造了多种多样的乡村振兴模式。这些模式推动了乡村振兴和建设，但也出现了一些具有共性的问题。只有对这些问题引起重视并妥善解决，才能推动乡村振兴与建设不断向前。

1. 乡村振兴既要重视利用机制创新激活内力，又要重视利用基础建设改善公共服务

实施乡村振兴，仅靠外力是不可行的、是难持久的，而要激活内在的发展动力。乡村振兴虽然是各级政府的一项重要工作，但主要是依靠农民特别是新生代农民，因此要激发农民建设家园的动力。在乡村振兴中，从规划到建设再到经营管理，都需要农民的积极参与，需要农民贡献自己的智慧和力量。因此，政府规划建设的乡村，必须与农民想要的乡村相一致①。各级政府既不能闭门造车，也不能搞形象工程；乡村振兴既要进行农村基础设施建设，也要提升农村公共服务水平。在进行农村改革的同时，要以硬件建设为突破口，治理乡村软环境，推动城乡融合

---

① 王志刚. 走创新驱动乡村振兴发展道路 [J]. 智慧中国，2018（8）：29-31.

发展，探索建立可持续的乡村振兴与发展机制。

2. 乡村振兴要分门别类、区别对待、因地制宜、有序推进

我国村庄数量众多，情况各异，在实施乡村振兴战略的过程中，不能一刀切，要区别对待，如有的乡村振兴是高位求进，有的乡村振兴是提升品质，有些乡村振兴则需要从恢复生态来考虑，有的乡村建设是以精准扶贫为定位的等。实施乡村振兴战略必须根据实际情况，针对不同的村庄采取不同模式，因地制宜地实施振兴措施。同时，在抓好村庄外形整治的同时，要注重提升其内在的动力，认真践行"创新、协调、绿色、开放、共享"的新发展理念。

3. 振兴乡村必须发展农业产业，增强乡村集体经济实力

乡村振兴要有农业产业基础，在乡村振兴中不仅要发展农业生产，而且要多业并举，要大力发展乡村第二产业和第三产业，促进一、二、三产的融合发展，实现农村产业多元化发展。例如，发展医疗健康农业、创意观光农业等。

发展乡村农业产业，集体经济实力是基础。因此，必须大力发展集体经济，为乡村振兴做好支撑。要推进农村集体产权制度的改革，积极探索符合乡村实际的农村集体所有制经济的有效组织形式、经营方式，构建符合市场经济要求的集体经济运营新机制。

4. 打造乡村振兴人才队伍，培育乡村振兴新动能

农民是实施乡村振兴战略的主力军，振兴乡村的关键是要有能干又会干的农村人才队伍。因此，一是打造一支农业科技研发与推广队伍，充分发挥农业科研人员传播农业新技术、新成果的作用。二是打造乡村基层管理人才队伍，抽调年轻干部担任村第一书记和乡村农技员到农村第一线锻炼，为建设中国社会主义现代化强国培育人才。三是打造一支农业生产经营队伍，培育农业创新创业的优秀人才，培育农村龙头企业和农场，为现代农业发展奠定坚实基础。通过上述措施便可激活资源、破解难题、形成新的发展动能。

5. 建设农业示范园区，强化乡村社会管理和环境治理

农业示范园区是乡村振兴的重要载体之一，也是集聚高端人群的基地，其能为城乡一体化提供新支点和新引擎。建设农业示范园区，有利于特色农业做大做强；有利于发展创意农业，构建综合性的产业发展体系；有利于节约资源，推广生态环保新技术，实现农业生产残余废弃物减量化和再利用；有利于乡村社会管理和农村环境综合治理。在提倡农村绿色生产生活方式、开展农村人居环境综合整治、全面恢复乡村生态环境的过程中，乡村成为人们向往的美丽家园，实现"农业强、农村美、农民富"的目标指日可待。

第二章 农村帮扶战略的实践导向

第一节 注重贫困的脆弱性，实现减贫效果的稳定性

一、贫困的脆弱性

"如果那些已经脱贫的人能永久性地摆脱贫困，并且新的贫困人口不再出现，那么消除贫困的任务就相对简单了。然而在实践中，即使对于非贫困人口而言，一些家庭在将来的某个时点上也面临陷入贫困的可能。"[①]这个时间点指的是风险对于置于贫困线以上家庭稳定性的挑战，风险可能来自同质性的（如金融危机、大面积传染疫情），也可能来自异质性的（家庭内部的具体原因）。这些家庭指的是已脱贫的、从未贫困的、反复于贫困线的。对于这些家庭而言，在面临风险时坠入贫困线的可能性便是贫困的脆弱性。

世界银行以马丁·瑞沃林（Martin Ravallion）的计算方式和国家统计局（2001—2004）对25 987户农村家庭调查的面板数据作为基础，从收

---

① 世界银行，东亚及太平洋地区扶贫与经济管理局．从贫困地区到贫困人群：中国扶贫议程的演进 中国贫困和不平等问题评估 [M].北京：中国贫困和不平等问题评估委员会，2009：20.

入贫困和消费贫困两个角度分别分析出暂时性贫困所占的比重。此研究将2003年世界银行贫困线（每人每年888元）作为收入贫困的标准，将三年作为期间节点，将三年内至少有一年陷入贫困的情况定义为暂时性贫困（脆弱性贫困）。经统计，18.8%的农村人口为暂时性收入贫困人口，这个数据是这三年平均贫困发生率（9.3%）的二倍。30.9%为暂时性消费贫困人口，这个数据是三年平均贫困发生率（17.8%）的1.7倍。按此逻辑，如果将暂时性贫困作为"分子"（三年中至少有一年陷入贫困线的人口除以总农村人口），那么"在2001年到2004年期间，将近有三分之一的农村人口至少有一年陷入贫困"[①]。如果将持久性贫困作为"分母"（三年中均为贫困人口除以三年中至少有一年陷入贫困的人口），那么"对于收入贫困来讲，这个比例为12%；对于消费贫困来讲，这个比例为22%。这样，每八个或五个脆弱人口中，就有一个属于持久性贫困，而其他的人口则只在某个时间上属于贫困。这表明暂时性贫困的程度很高"[②]。世界银行的总结性建议是，暂时性贫困成为中国贫困的主要形式，而暂时性贫困在总体贫困中所占的份额就代表了"风险对于贫困的贡献率"。中国应当将扶贫战略从应对持久性贫困转向暂时性贫困，即将降低风险对于贫困的贡献率作为扶贫战略的主攻方向。

二、贫困脆弱性产生的原因

国际关于贫困的前沿研究为中国的扶贫战略提供了看待贫困的新的视角，说明了中国农村暂时性贫困的严重程度，证明了暂时性贫困与风险有直接且密切的联系，并建议中国的扶贫战略应当根据这一结果进行政策调整。贫困的脆弱性实质就是风险对于贫困的作用。从大的方面来看，风险对于贫困有决定性和影响性的作用。从决定性意义来看，风险

[①] 世界银行、东亚及太平洋地区扶贫与经济管理局.从贫困地区到贫困人群：中国扶贫议程的演进中国贫困和不平等问题评估 [M].北京：中国贫困和不平等问题评估委员会，2009：22.

[②] 世界银行、东亚及太平洋地区扶贫与经济管理局.从贫困地区到贫困人群：中国扶贫议程的演进中国贫困和不平等问题评估 [M].北京：中国贫困和不平等问题评估委员会，2009：22.

对于贫困的贡献度首先体现为在暂时性贫困中的脆弱度，其次体现在对于持续性贫困的贫困程度的贡献度。从影响性意义来看，风险对于贫困的贡献度体现在消费贫困与收入贫困的差距，以及为了平滑预期消费而引起的现实生产性消费不充分进而导致预期的贫困。

（一）风险对于贫困的决定性作用

从决定性意义来看，世界银行专家马丁·瑞沃林认为在观察期内，总的贫困减去持续性贫困得到的便是暂时性贫困，暂时性贫困就代表了风险对于贫困的贡献率。

依此观点，世界银行得出的结果可能高估了风险对于贫困的贡献度，因为其高估了总贫困中除持久贫困之外的其余部分的风险决定性。将总贫困分解为考察期内的持久性贫困和暂时性贫困并无问题，但是暂时性贫困并不完全等于风险的贡献度，因为在暂时性贫困中包含着非风险导致的部分——纯粹脱贫（脱贫后考察期内不在返贫）。因此，可以将暂时性贫困分解成四个部分（见图2-1），纯粹脱贫（脱贫后考察期内不在返贫）、纯粹致贫（致贫后考察期内未脱贫）、返贫（脱贫后考察期内再次贫困）、反复贫困（脱贫后或者致贫后又致贫或者脱贫后而再次脱贫或者致贫）。

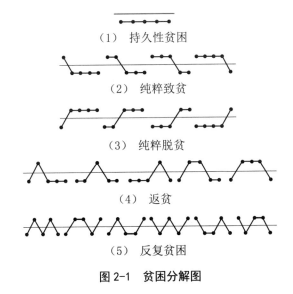

（1）持久性贫困

（2）纯粹致贫

（3）纯粹脱贫

（4）返贫

（5）反复贫困

图 2-1 贫困分解图

注：图中横线表示贫困线，点表示贫困的与年变化

由纯粹脱贫中所包含的几种情况可以看出，从暂时性贫困的角度来看，此部分与风险并无直接关系（尽管存在一种可能，即因风险导致的脱贫前至少一年置于贫困线以下）。返贫与反复贫困是扶贫效果和风险效果共同作用的结果，这一部分可以在很大程度上证明风险占据上风，因此可以说这部分是由风险决定的。从致贫的原因中找出共性，那么风险一定占主导地位。总的看来，马丁·瑞沃林高估了风险对于贫困决定性作用的原因是将考察期内的纯粹脱贫部分也加总到了风险对于贫困的贡献率之中。风险对于贫困的决定性体现在返贫、反复贫困和致贫这三个部分中，如果将这三个部分共称作贫困的脆弱性（非持久性贫困中的非纯粹脱贫部分），那么贫困脆弱性就代表了风险对于贫困的贡献度。如果将考察期设为5年，此公式表示为：5年总贫困发生率－5年总持续贫困率－5年总纯粹脱贫率＝贫困脆弱率＝返贫率＋反复率＋纯粹致贫率。从图2-1来看可以说，5年总贫困＝持久贫困点＝脱贫前点＋返贫后点＋反复下点＋致贫后点（点指的是图中贫困线以下的点，代表此类型当年的贫困所占的比例）。这一公式虽然修正了将暂时性贫困全部看作风险的贡献率的不足，但是又可能存在低估风险贡献率的可能。因为贫困的现实＝扶贫贡献率＋风险贡献率，也就是说现实的贫困是风险的负向作用与扶贫的正向作用共同作用而成的。因此，持续贫困可能是由于（考察期前或者考察期间）风险导致的无法脱贫，纯粹脱贫中的脱贫前阶段（若考察期为5年，这一阶段可能是1～4年）也很有可能是由于风险导致的。如果从绝对的视角看待此问题，在农村的扶贫的正向作用下仍处于持久贫困的群体除无扶贫价值的（指的是家庭无劳动力或者区域无开发式扶贫的可能），均可归因于考察期前或者考察期间的风险所致。暂且将纯粹脱贫前阶段称之为"前滞"阶段，"前滞"阶段因有脱贫的结果，所以至少可以说明其有扶贫的价值（当然这要抛除因区域无开发式扶贫可能而通过移民而导致的脱贫）。因此，从绝对的视角可以将公式设为：贫困脆弱性＝返贫率＋反复率＋纯粹致贫率＋（持久贫困－无扶贫开发可能）＋（前滞阶段－移民脱贫）。

也就是说，测算风险对于贫困的贡献率即不能视持久性贫困和

"前滞"贫困与风险无关，也不能将持久性贫困之外的全部贫困归因于风险。

风险对于贫困的决定性的第二个方面是对于持久性贫困的贫困程度的决定性。这一决定性需经过一个计算过程，首先需要以贫困发生率的角度计算出扶贫的贡献度（因为以贫困缺口率很难计算出扶贫贡献率）。

第一步，应先确定一个考察期，将考察期的平均纯粹脱贫率视为扶贫贡献度。

第二步，如果将贫困的平均缺口视为贫困程度的话，就可以将扶贫贡献度与考察期内持久性贫困的第一年的平均贫困缺口相乘，并将这一结果假设为考察期最后一年持久性贫困的贫困缺口应当减少的程度，将持久性贫困第一年的平均贫困缺口减去计算出应当减少的部分，结果为考察期最后一年持久性贫困的贫困缺口应当达到的程度。

第三步，考察期最后一年持久性贫困实际贫困缺口的程度减去第二步中计算出的持久性贫困应当的贫困缺口的程度，结果就是风险对于持久性贫困的贫困程度的决定性贡献。

这一计算过程实际上隐含着一个前提，即考察期内持久性贫困的实际结果是扶贫贡献度和风险贡献度共同作用的结果。也就是说，扶贫贡献度＋风险贡献度＝实际结果。即使单纯地从假设的角度出发也可以证明风险对于持久贫困程度有决定性。假设考察期内总的平均贫困缺口不变，那么暂时性贫困的增多必然伴随着持久性贫困程度的加深。首先，暂时性贫困的增加说明风险的贡献率加大，而这一贡献率不可能仅针对暂时性贫困起作用。其次，在假设总的平均贫困缺口不变的前提下，暂时性贫困的增加意味着持久性贫困程度的加大（因持久性贫困群体更易受风险的影响）。这是因为暂时性贫困的贫困程度往往不大，或者说只是略低于贫困线，如果暂时性贫困的增加并未使平均贫困缺口率下降，那么原因就只有一个，即持久性贫困的贫困程度加大。

（二）风险对于贫困的影响性作用

风险对于贫困的影响是通过消费贫困与收入贫困的差距表现出来的。我国对于贫困的测定一直使用的是收入贫困的概念，即年收入低于国家规定的贫困线便被视为贫困。消费贫困是国际上对于贫困测定较为普遍的方法，即期间平均消费低于设定好的消费贫困线则被视为贫困。风险的低预防性存在可以解释中国农村高储蓄率的现实。反过来看，农村尤其是贫困或者低收入家庭的高储蓄率可以说明风险对于贫困的影响，因为在外在保障措施不可弥补可能发生的风险的情况下，贫困或低收入家庭只能选择限制消费并以扩大储蓄的方法作为对未知风险的自我预防。这一现象可以从消费平滑理论中找到根据。美国著名经济学家米尔顿·弗里德曼（Milton Friedman）1957年提出了"永久收入假说"理论，即"家庭的消费行为主要取决于家庭的'永久性收入'，而不是偶然所得的'暂时性收入'"[①]。也就是说人们根据未来长期收入的理性预估，对现在支出的结构和比例做出理性的决定。然而当人们面对风险以及为了预防未来风险可能造成的冲击时，通常会为了保障届时的平稳消费而选择"风险保障性"的当下消费结构和比例（如储蓄），即为了保证未来（风险期）能够保持平稳的消费而不得不在当前的消费结构中增加保障性的比例，通过自身跨期的消费分配来应对不期的风险，这便是"消费平滑策略"[②]。也就是说，人们现实的消费不仅是"持久收入"（对长期收入的理性估计）的函数，同时也是面对风险（现实的和预估的）的"消费平滑"的函数。

在消费平滑的作用下，"低收入群体为了追求未来的平滑可能造成未来的贫困，即家庭会为消费平滑投资于低风险、低收益的财产和生产

---

① 邰秀军，黎洁，李树茁.贫困农户消费平滑研究评述[J].经济学动态，2008（10）：107.

② 纽约大学教授乔纳森·默多克（Jonathan Morduch，1995）把家庭为了将消费波动控制在一定范围内，而选择投资于储蓄和保险计划、耗尽财产进行重新分配的策略称为"消费平滑策略"。

活动，这却从另一方面加剧了贫困发生的可能性"。①对于贫困群体而言，消费平滑的动机因其缺乏平滑消费的能力而更为强烈，或者说越是贫困则越追求预期的消费平稳状态。由此可以看出，无论是低收入还是贫困群体均以消费平滑的生存动机取代了利润最大化的发展动机，因为其不愿被动地接受未来风险对其消费的不可弥补性波动而选择主动的事先防范，而这种防范是将未来生存稳定的成本加在了现在生产性消费的身上，造成了对未来收入的抑制，即以放弃发展为代价求得生存稳定，使得这种主动防范成为对未来贫困的被动接受，或者说由于对预期贫困的恐惧导致了预期的贫困。因为家庭未来的消费水平是与家庭目前的收入能力紧密相关的，如果家庭的收入能力在维持现有消费平滑方面受到了损害，未来的消费水平就肯定会受到影响。因此，对于低收入群体和贫困线以下的群体而言，收入能力低下可能是其持久的收入低下的主要原因。但消费平滑策略的选择肯定是其坠入贫困或者持久性贫困的主要原因，而消费平滑策略是其在预估或者面对外力不可弥补的风险时必须的选择。消费平滑理论解释了为什么中国农村低收入和贫困家庭有高比例的储蓄，也解释了如果以消费作为测量贫困的角度的话，为什么消费贫困率远大于收入贫困率（消费贫困人口数量差不多是收入贫困人口数量的2倍）。

至此，可以将风险对于贫困的影响分为两个方面。第一，由于风险，选择消费平滑策略的贫困或低收入群体使得消费贫困剧增甚至包含了非收入贫困的一部分。第二，为了预防风险而选择消费平滑策略的群体因选择此策略而引起了新的贫困。从扶贫的角度得出的启示是，如何使低收入和贫困群体在不以放弃发展为代价的前提下保障其生存的稳定是破解消费平滑对其负面影响的有力措施，方法可能来自自身能力的提高或者外力保障措施。

① 邰秀军，黎洁，李树茁.贫困农户消费平滑研究评述[J].经济学动态，2008（10）：107.

三、消除贫困脆弱性的措施

中国对于贫困的测量一直以截面数据的静态性、历史性观测为主，并未将往返于贫困线的贫困群体作为动态测量的主要对象，因而也就没有持久性贫困和暂时性贫困的数据可用。因为缺乏数据的支撑，所以我国并未得出确切的结论，即暂时性贫困是当今中国农村贫困的主要形式。但至少可以从理论上证明风险已经成为贫困的主要原因，因此中国农村扶贫战略中应当注重风险对于贫困的作用。

在制定具体的扶贫政策时，可以实施持久性贫困和脆弱性贫困"共益"的政策（如完善基本公共服务体系），进一步补充和完善针对贫困脆弱性的政策。如果将风险对于贫困的决定性作用和影响性作用统称为贫困的脆弱性的话，那么这种脆弱性的原因就来自内在抵抗力低下和外在保障力不强两个方面。从外在的角度来看，如果一个国家有完备的社会保障和救助体系，那么在面对风险时低收入群体坠入贫困线的可能性以及贫困群体加深贫困程度的可能性在外力的帮助下就将降低。而且在这个国家中选择消费平滑策略的低收入和贫困群体的基数将会降低，因为完善的社会保障体系将减轻人们对未知风险的恐惧，使其现实的消费向利润最大化的结构回归，使其不会为了保障未来消费的平稳而以保障性的现实消费（如储蓄）来挤压生产性消费的份额。从内在的角度来看，如果一个家庭有多个劳动力或者高质量的少数劳动力，那么这个家庭面对风险的抵抗力和自愈能力就相对较强，或者说这个家庭选择消费平滑策略的程度就会相对较低，即风险对该家庭的决定性和影响力相对较弱。对于贫困家庭而言，劳动力是其最大的资本，从风险角度来看，劳动力对于贫困家庭的作用大于收入和储蓄的相对增加。对于风险而言，如果风险（如疾病）未损害到劳动力，那么家庭就会选择调整劳动力就业结构或增加劳动力供给作为平滑各时期消费的手段。这一手段会在很大程度上缩减储蓄等保障性消费结构的比例，而能否胜任平滑消费以及在多大程度上需要辅之其他资本的保障性付出，则取决于劳动力的可行能力的高低。

因此，有针对性地应对贫困脆弱性的措施应当注重完善保障体系以及提高贫困和低收入群体的可行能力。具体实施方案可以考虑以下几个方面。

第一，提高最低生活保障制度的保障标准。这一标准不仅应当包括救助性份额，也应当包括一定份额的生产性份额。从风险对于贫困的影响这一角度来看，这一措施可以降低低收入群体对于风险的预先保障性支出比例，使之相对提高生产性的投入比例。从风险对贫困的决定性这一角度来看，低保标准的提高不但可以保障持久性贫困群体的生存权，而且为其脱贫提供了生产性资本，降低了贫困程度加深的可能性。同时这一措施还为返贫和反复于贫困线的群体提供了生存和发展的保障，使其由暂时性贫困变为持久性贫困的可能性降低。

第二，提高医疗保险保障的效果。劳动力是贫困家庭对于风险的"免疫力"，未受到损害的劳动力是调节未来消费平稳的"砝码"。在不以损害自身价值的前提下提高医疗保险的保障效果，能够提高用于追求利润的生产性资本的比例。众所周知，疾病是一个家庭失去劳动力或者减少劳动力供给的主要原因，而疾病带来的最直接后果是对现实消费结构（相对挤占生产性消费的份额）造成影响，更甚者使一个家庭致贫、返贫或反复贫困。因此，提高医疗保障的实际效果是减少疾病对于劳动力损害的重要措施，尤其对于贫困家庭而言，这一措施可以降低贫困脆弱性。

第三，完善风险救助体系。这一体系的完善虽不能为脱贫的群体"锦上添花"，但可以为因风险而贫困或因风险而加深贫困程度的群体"雪中送炭"。

第四，分类、分级增设保险补贴。风险保险是风险救助的市场化手段，虽然也属于调整消费平滑的对策，但是相对于储蓄而言，风险保险挤占生产性消费的份额相对较小。然而低收入或者贫困的家庭更愿意通过储蓄来保障未来消费的平稳，原因不是因为这部分群体对可能的风险持乐观态度，而是其不愿割舍少量收入中一部分作为"万一"的保障性支出。如果政府能够根据区域性常发的风险类型，分层为低收入和贫困群体提供不同比例的风险补贴，甚至使之达到"半自愿"的程度，就可以逆向降低贫困的脆弱性和降低储蓄所挤占的生产性支出的份额。这虽然无法提高因风险致贫的"事先免疫力"，但可以为贫困在遭遇风险时注入"事后抗生素"。

第五，提高贫困人口的自我发展能力。在农村贫困地区的扶贫开发过程中，确保农村贫困人口彻底地摆脱贫困的最为有效的措施之一就是提高农村贫困人口的自我发展能力，因为只有提高贫困人口的基本素质，增强他们的劳动技能，才有可能使他们实现脱贫致富。

所谓自我发展能力，是指一个人运用所学知识和技能获取并利用社会资源，从而实现自身价值的能力。可以说，促进贫困人口的自我发展能力不仅是当今扶贫工作的难点，也是当今扶贫工作的重点。因为一个地区要想从根本上摆脱贫困，真正能够起决定作用的是其自身能力的不断发展，而不是外在因素的介入。因为任何外在因素的介入不过是为贫困地区的发展提供必要的环境条件，是一个地区发展或一个贫困家庭脱贫的外因，而且这种外因作用的发挥必须依赖于内因，从而推动事物的发展。美国著名经济学家舒尔茨（Schultz）曾指出，人类的未来并不完全取决于空间、能源和耕地，而是取决于人类智慧的开发。由此可见，只有通过促进贫困人口提高自我发展能力，增强贫困人口的自我脱贫意识和参与意识，才可能使贫困人口的基本生存状态有一个比较好的改善。

第六，贯彻精准扶贫方略，将"大水漫灌"向"精准滴灌"转变。

第二节　注重相对贫困问题，实现发展的共享性

习近平总书记指出："2020年全面建成小康社会之后，我们将消

除绝对贫困，但相对贫困①仍将长期存在。到那时，现在针对绝对贫困的脱贫攻坚举措要逐步调整为针对相对贫困的日常性帮扶措施，并纳入乡村振兴战略架构下统筹安排。"②如今，相对贫困问题已经成为制约均衡性发展的突出问题，中国要想实现共同富裕的目标就必须重视均衡性发展，因此必须将更具包容性的分配政策融入扶贫开发的战略体系中来。

一、相对贫困产生的原因

诚然，单纯的经济增长并不会对贫困有负面影响，只会在不平等的作用下抑制其涓滴效应③，并产生经济总量增长下的非普遍性增长的现实。遗忘穷人是经济增长的本性，或者说是资本的非亲贫性。按其本性发展的后果就是，财富越来越集聚在少数人手里，而贫困却被彻底遗忘且代际相传。如此看来，经济增长仅是消除贫困的必要条件，没它不行，但它不是全部。经济增长解决不了贫困问题，那该依靠什么？至此，暴露出一个值得重视的问题，即消除贫困的充分必要条件——分配问题。换言之，分配会让经济增长想起穷人，那么分配会消除贫困吗？在抛除经济增长原因的前提下，分配也会减少贫困，即将富裕者的财富转移给穷人，反之也会增加贫困，即榨取穷人的财富至富裕者。如此看来，经济增长（忽略经济负增长）只是遗忘贫困，而分配会加剧基层的相对贫困。

从扶贫的角度理清经济增长、收入分配、贫困三者的关系：在分配

---

① 相对贫困，是指在特定的社会生产方式和生活方式下，依靠个人或家庭的劳动力所得或其他合法收入虽能维持其食物保障，但无法满足在当地条件下被认为是最基本的其他生活需求的状态。

② 习近平. 把乡村振兴战略作为新时代"三农"工作总抓手 [J]. 求是，2019（11）：4-10.

③ 涓滴效应，指在经济发展过程中并不给予贫困阶层、弱势群体或贫困地区特别的优待，而是由优先发展起来的群体或地区通过消费、就业等方面惠及贫困阶层或地区，带动其发展和富裕，或认为政府财政津贴可经过大企业再陆续流入小企业和消费者之手，从而更好地促进经济增长的理论。

不变的情况下，经济增长会减少贫困，经济负增长会增加贫困（贫困程度加深，即低收入者降至贫困线以下）；在经济不变的情况下，分配不均会增加贫困，分配均等会减少贫困；在经济增长的情况下，分配不均可能使贫困不减，而分配均等会使贫困减少；在经济负增长的情况下，分配均等或不均都会使贫困增加，但若益贫式分配可能使贫困不增或者减少。这几组关系可以看成是等式关系，任两者结合便可以得出第三者。因此，可以得出两点结论：第一，经济增长是减贫的必要条件，分配是减贫的必要充分条件；第二，经济增长赋予分配意义，分配决定了经济增长的意义。

分配对于贫困的重要性得以验证，那么该如何使分配更加益贫？要解决这个问题首先要分析什么决定了分配。"收入分配及其变化更多地表现为制度变迁和经济发展的结果，也就是说，制度变化因素和经济发展因素构成了收入分配格局及其变化的直接和间接决定因素。"[1]或者说分配是几个变量的函数，这几个变量包括可调控的制度变革因素、经济发展因素、经济结构变化因素、政策因素，以及不易调控的人口因素和地区自然禀赋差异因素。中国农村从1978年开始有了内部收入差距，经历了生产关系和农产品价格市场化的经济制度变革，由城乡一体化、新农村建设、"多予少取"等普惠性政策因素引发的经济增长和经济结构变化，直至今日有了贫富差距。这些因素的综合效应对缩小城乡间收入差距起到了重要的推动作用，但同时也不可避免地带来了农村内部的收入出现差异与差距，而收入差距扩大具有积极的意义，也是我们改革过去不合理的分配制度的初衷和想要达到的目的。[2]但差距过大在消费递减规律的作用下使得低收入人群的消费需求得不到满足，而高收入人群的消费率降低，如此就会引起平均消费需求的下降，导致经济增长蓄力不足。因此，收入分配不仅表现为是一个经济增长的结果，它同时又是一

---

① 李实，赵人伟．中国居民收入分配再研究 [J]．经济研究，1999（4）：3-17．

② 李实，赵人伟．中国居民收入分配再研究 [J]．经济研究，1999（4）：3-17．

个影响甚至于决定经济增长的重要变量。①再者，由于"贫困人口和低
收入人群无力积累人力资本，他们将长期陷入贫困陷阱，带来社会阶层
的固化。"②李实用泰尔指数分解分析得出的中国收入差距趋势表明，
城乡间收入差距绝对值上升的同时对全国收入差距的贡献率却在降低。
城乡间收入差距的贡献率下降并非必然地意味着城乡间收入差距的缩
小，而事实是城市与农村的内部差距上升速度已经超过了城乡间差距的
速度。③

　　从当代中国社会发展的主线来看，从"建设小康社会"到"全面建
设小康社会"再到"全面建成小康社会"，单纯地从时态来看，社会发
展经历了进行时、过去将来进行时、过去将来完成进行时。然而从逻辑
重点来看，建设小康社会的重点是"建设"，其中蕴含的理念就是以经
济增长为中心，以刺激性分配为主要方式。全面建设小康社会的重点是
"全面"，其理念是保持经济增长的前提下，注重统筹性和保障性分配
方式。全面建成小康社会的重点是"建成"，其核心是"全面"，这一
次不仅要保持经济平稳较快增长，而且要注重均等性的第一次分配和益
贫性的第二次分配。从经济发展主线来看，社会发展从"共同贫穷"到
"部分富裕"再到"共同富裕"，经历了平等不意味着不贫穷、经济增
长不意味着不贫穷的现实逻辑进程。如前文所述，经济增长是消除贫困
的必要条件，而在从共同贫穷到共同富裕的发展过程中，为了缩短距离
必然经历"经济优先、兼顾公平"的理念。这就导致经济的增长造就了
总量的富裕，但也遗漏了大量的穷人。若以实现共同富裕为最终目标，
除了经济增长之外，最为重要的就是分配政策，因为实现共同富裕的关
键不是富者更富而是致富。经济增长不会自发地减贫，分配也无法实在
地减贫，唯有经济增长结合益贫的分配方式才能解决从部分富裕到共同

---

① 李实，赵人伟，张平.中国经济转型与收入分配变动［J］.经济研究，1998
（4）：42.

② 李实，中国收入分配格局的变化与改革［J］.北京工商大学学报（社会科学版），
2015（30）：1.

③ 李实，赵人伟.中国居民收入分配再研究［J］.经济研究，1999（4）：3-17.

富裕过程中经济增长与收入分配"任一"无法解决的贫困问题。

二、解决相对贫困的措施

目前，中国宏观经济已经步入了新常态阶段，经济增长区位下移，经济增长速度放缓，这对于减贫具有不利的效应，此时应更加注重分配对于减贫的重要作用。显然，"初次分配注重效率，二次分配注重公平"或者"初次分配注重效率公平"这类的宏观分配政策并未解决农村内部的贫困差距。若要解决贫困问题，过分关注绝对贫困并没有错，只是要在绝对中融入相对的差距，使分配更加益贫的同时，更加关注包含着绝对贫困的相对贫困。扶贫事业只是收入分配的一个点，但却成了农村减贫的全部，这显然并未与中国农村的贫困现状势均力敌。因此，必须以更加益贫的分配政策促进扶贫开发。

益贫的分配政策首先要将改革的重点置于消除不公平上。对于城乡、区域间的收入差距而言，应当在初次分配中完善生产要素的公平流动。①根据简（Jian）的研究成果，区域间人均实际GDP的趋同现象出现在经济改革后而不是计划经济体制时期。因此也可以这样讲，"缓解收入差距扩大的一个最大的'政策'就是加快对劳动力和其他生产要素的市场化进程的改革，尽快地消除劳动力和生产要素自由流动的制度性障碍"②。这一过程与平均利润形成的过程相似，即市场总是以供求平衡为手段以适当的方式安排着资本的流动。然而这也使得原本在起点就不平等的城乡和区域间以及一些因某种原因丧失流动机会的贫困人口没有平等的机会分享市场化成果，而且获得的成果质量更为不平等（如教育收益率）。针对这一问题人们将希望寄托于二次分配，为此，政府应当更加注重基本公共服务及保障性政策的均等化、一体化、特惠化。对于农村内部的收入差距问题，应当将视角专注于绝对贫困中的相对贫

---

① 赵人伟，李实，卡尔·李思勤.中国居民收入分配再研究：经济改革和发展中的收入分配［M］.北京：中国财政经济出版社，1999：51.

② 赵人伟，李实，卡尔·李思勤.中国居民收入分配再研究：经济改革和发展中的收入分配［M］.北京：中国财政经济出版社，1999：51.

困，将措施寄托于具有持久效应的保障措施和能力的建设上；应当加大最低生活保障投入，提高五保户的保障金，尝试按一定比例对贫困户给予新农保和新农合补贴或加大政府配额；应当注重以政策促进贫困户的收入流动性。从现实来看，贫困户中有较低的非农收入率，因而经济增长和初次分配很难改变其收入固化的特点。而贫困户中非农收入率低的原因除了五保户等缺少劳动力的情况外，主要是囿于能力贫困。造成农村内部能力差距的原因是教育程度不同，这又要追溯到起点的不同（这种不同有别于城乡间的起点不公平），贫困户由于主客观原因使家庭成员主动或被动地放弃教育的机会，在与未放弃教育的贫困户经历同样以农业为主要收入来源的过程后，当未放弃教育的贫困户开始教育收益时又通过非农就业反应到了收入结果的不同，而收入结果的不同会反作用于下一代教育起点的不同，因而使贫困户陷入非农就业率低进而收入流动性弱的陷阱。因此政府应当尝试对于贫困户子女的基础教育、职业教育和高等教育给予特殊化的扶持，以降低贫困户与非贫困户之间机会起点的差异。

第三节　注重绿色帮扶，实现可持续性发展

一、推进绿色扶贫的必要性

导致中国农村贫困的原因不外乎两点，即人与人的关系以及人与环境的关系。人与人的关系包括国家政策下的区域间关系、阶层间关系、资源占有的相对关系、生产资料占有下的生产关系。人与环境的关系指的是人与自然的关系。人与人的关系从主观上决定了贫困的相对性，而人与自然的关系从客观上决定了贫困的相对性和绝对性以及面对贫困的被动性和不可逆性。中国最初的农村扶贫开发战略将国家宏观施惠政策

及专项减贫政策作为扶贫的关键，在一定程度上忽视了人与环境关系对贫困的决定性影响。人与人的关系可以通过转变政策导向、提高扶贫对象的可行能力、改善生产生活条件等措施予以调和，甚至可以将这种矛盾转化为进步的动力。而人与自然之间的矛盾关系不会像阶级矛盾一样在不可调和时出现"国家"这样一根"定海神针"，这是因为很多自然资源具有不可再生性，自然环境的破坏具有不可逆性。

农村贫困地区与生态环境有着很强的相关性。首先，中国农村贫困地区与生态脆弱区①高度重合，"国家扶贫重点县"均位于我国的生态脆弱地区，且均呈现出不同程度的生态脆弱性。如何协调农业与生态的关系、化解扶贫与生态约束的矛盾是解决贫困问题的关键，也是在为全面建成小康社会、全面建设生态文明国家"补短板"。

与生态脆弱区重合的贫困地区，学者称为"正向的生态贫困地区"，这一地区的客观环境决定了其产业发展无环境代价可牺牲，必须在减贫和发展上另辟蹊径。与生态屏障区②相重合的贫困地区，学者称之为"逆向的生态贫困地区"，主观政策决定了其产业发展不得触碰国家坚守的资源底线，其肩负着生态储备与生态建设的重任，不得不在减贫和发展上另谋出路。而解决以上两个问题的关键便是引入绿色发展理念，将绿色发展理念引入扶贫过程，将绿色发展与扶贫开发相结合，使绿色发展带动扶贫开发，以扶贫开发促进绿色发展。

二、推进绿色扶贫的重要意义

在贫困地区将绿色发展与扶贫开发相结合，走绿色扶贫之路是生态文明建设中减贫理念的创新，也是在扶贫战略中对可持续发展理念的实

---

① 生态脆弱区：也称生态交错区（Ecotone），是指两种不同类型的生态系统的交界过度区域。主要特征有：系统抗干扰能力弱；对全球气候变化敏感；时空波动性强；边缘效应显著；环境异质性高。

② 生态屏障：指维持和庇护生物生存繁衍，维护自然生态平衡，为人们提供良好的生产、生活条件的保障体系。生态屏障的功能包括：过滤器功能、缓冲器功能、隔板功能、庇护所功能、水源涵养功能和精神美学功能。

践。绿色扶贫就是指以低污染、低消耗、高效率的发展方式为减贫的动力机制，通过低碳农业、低碳产业和低碳服务业的发展带动减贫；以兼顾减贫成效和生态可持续为基本原则，以既拥"绿水青山"又得"金山银山"为减贫目标，以"绿水青山"就是"金山银山"的减贫理念为实现摆脱贫困的新思路。

在贫困地区倡导绿色发展具有以下三点作用。

第一，绿色发展改变了贫困地区发展的动力机制。与生态脆弱区和生态屏障区相重合的贫困地区在客观条件的约束和国家政策的限制下无法通过粗放式发展模式寻求发展进而减贫，而低碳农业、生态旅游业等绿色产业为这两类地区带来了新的发展路径，也为其绿色发展和低碳扶贫带来了新的动力源泉。

第二，绿色发展是减贫可持续性的保证。随着人类对自然规律认识的深入，人们越发认识到"保护生态环境就是保护生产力，改善生态环境就是发展生产力"的深刻意义。自然赋予了劳动者生产对象、生产工具和赖以生存的条件，以破坏自然的生产方式推动增长犹如对生产力"釜底抽薪"，终将使发展最初的结果又清除了，使贫困循环。绿色发展将回归自然视为前提条件，绿色减贫以生态的视角审视贫困问题，将和谐的生态环境与生产力的发展、减贫可持续性三者相统一，强调人的作用和自然的反作用相统一。

第三，绿色发展是贫困地区创新发展的加速器。"环境高标准也是创新的一个发动机：创造新的绿色市场和就业机会。如果我们能够支持和鼓励一个更加绿色的市场的发展，那么，工商业和民众将会回应以技术和管理创新，而这会刺激增长以及提高竞争力、利润和工作创造。"[①]也就是说，用绿色发展的加法换取环境污染的减法，以此换来创新活力的乘法和减贫的除法。

---

①　薛晓源，李惠斌主编.生态文明研究前沿报告[M].上海：华东师范大学出版社，2006：80-81.

三、推进绿色扶贫的措施

(一)完善生态补偿制度

我国的生态系统可以看作一个整体，为了保证经济发展与生态建设相协调，国家设定了优先、重点、限制和禁止开发四大区域，这是保证经济发展的同时保持国家生态总体平衡的宏观政策。然而，对于限制和禁止开发的区域，其发展权受到了不公平的政策待遇，而且由于生态系统服务很难进入市场实现价值，使得这两个区域生态建设的积极性不高，导致发展动力不足，因而减贫效果不佳。因此，需要"以保护生态环境、促进人与自然和谐发展为目的，根据生态系统服务价值、生态保护成本、发展机会成本，运用政府和市场手段，调节生态保护利益相关者之间利益关系"[①]。即建立生态补偿制度，来调和生态效益保护者与受益者之间的矛盾，实现不同生态功能区之间的公平发展。

我国对生态补偿制度的探索开始于2005年，经过多年的实践，初步形成了生态补偿制度的框架，建立了草原生态补偿制度、矿山环境治理和生态恢复责任制度、重点生态功能区转移支付制度、中央森林生态效益补偿基金制度，并逐步探索与建立了水资源和水土保持生态补偿机制。然而，这些机制并未与扶贫开发政策相结合，也没有与贫困地区的减贫、发展形成合力。

从益贫的视角出发，笔者对生态补偿制度提出了以下两点建议。

第一，将生态补偿与绿色产业、扶贫项目相结合。以政府为补偿主体的从上至下的转移支付行为，是生态补偿的主要模式。然而，我国的生态补偿制度只就维持而谈补偿，并未与扶贫开发相结合。因此，在今后的发展中，生态补偿制度应当更加注重贫困地区的"造血功能"。对于因生态政策而在一定程度上失去发展权的贫困地区而言，补偿只是"授之以鱼"，较好的做法是将补偿制度与绿色产业相结合，将补偿资金作为绿色产业的扶持资本，通过绿色产业的发展实现生态

① 李文华，刘某承.关于中国生态补偿机制建设的几点思考[J].资源科学，2010（05）：791-792.

系统的价值，辐射带动贫困人口脱贫。此外，还要注重将生态补偿与扶贫项目相结合，以生态补偿促进扶贫开发，以扶贫开发带动生态文明建设。

第二，建立碳排放交易市场。碳排放交易市场的建立可以从绿色发展和益贫发展两个角度着手。从绿色发展方面来看，国家可以在确定总体碳排放上限额的基础上将配额分配给各行政区域，行政区域再将本区域的配额以招标或拍卖的方式分配给碳排放企业，形成区域内部碳排放交易的一级市场。在此基础上，拥有碳排放权的企业可以通过自愿交易的方式调节碳排放配额余缺，从而形成二级碳排放交易市场。如同《资本论》中资本家对超额剩余价值的追求，为了追求超额剩余价值，资本家会通过改进技术等手段缩短社会必要劳动时间、追求超额剩余价值，最终实现整个社会必要劳动时间缩短的结果。当生态被市场化体现出价值，必然会对企业产生吸引，企业就会通过产业升级、转变发展方式、技术创新等途径追求生态价值，企业将生态价值融入发展目标的过程会逐步实现全社会的绿色发展。从益贫发展方面来看，国家应当赋予贫困地区不低于发达地区的碳排放配额，因为贫困地区的低产业化，所以一部分配额可以用于政府间的横向交易，一部分可以用于跨区域间的企业交易。这既是对被生态限制政策压缩产业发展区域的利益补偿，也是通过市场手段实现生态价值益贫性发展的重要途径。

（二）构建绿色减贫指标体系

构建绿色减贫指标体系是指通过构建一个指数模型来评价所选取区域的绿色减贫程度。这一模型中首先应包括能够表征绿色发展的一级指标和能够表征减贫效果的一级指标，并在此基础上延伸出表征一级指标的二级指标。然后以《中国统计年鉴》《中国环境统计年鉴》《中国环境统计年报》《中国农村贫困监测报告》为指标的数据蓝本，对各级指标赋予权重。最后通过线性加权对该区域的绿色减贫水平进行测算，得出综合评价。

评价的结果有三个方面的作用。第一，每一个被测算地区的结果均可以从其指标体系中被赋予相应权重的一级和二级指标中找到原因，这既有助于低水平测算结果地区找到有针对性的整改原因，也有助于高水平测算结果地区总结经验。第二，绿色减贫指标体系的构建避免了以往对贫困地区生态程度与减贫效果分开评价的片面性，可以对贫困地区的绿色发展与扶贫开发进行综合评价。第三，绿色减贫指标体系可以作为新的政绩考核参考标准。这有助于人们开始重新审视"唯经济中心"的发展理念，促使人们重视益贫式增长和环境友好型的发展模式。

以首长负责制为核心的行政区域治理方式，政绩考核无疑是区域发展的指挥棒。因此，将绿色减贫融入区域发展规划最直接的手段就是在政绩考核中赋予绿色减贫指标相应的权重。绿色减贫指标体系为新的政绩考核标准提供了直接依据，间接推动了区域绿色发展与绿色减贫理念的践行。

北京师范大学中国扶贫研究中心课题组曾对绿色减贫指数进行了系统的研究，笔者在借鉴其研究结果的基础上对于构建绿色减贫指标体系的测算模型有了一些思路。

1. 模型的基本框架

将绿色减贫指标体系模型分为三级指标，一级指标有两个，分别是表征经济增长绿化度的绿色发展指数和表征减贫效果的扶贫开发指数。为了保证指标体系的客观性，在每个一级指标之下均有正向（与所表征的上级指标呈正相关关系）和逆向（与所表征的上级指标呈负相关关系）的二级指标，对于逆向指标可采取倒数的方法体现其负向表示。

具体来讲，表征一级指标扶贫开发指数的二级指标有三个，分别是贫困程度（逆向）、基本公共服务程度、生产生活条件。在此基础上延伸出的三级指标有10个，其中表示绝对贫困的贫困发生率（贫困人口/人口总数）、低保参保率（参保人数/人口总数）、恩格尔系数和能够表示相对贫困的基尼系数（这四个三级指标对于表征贫困程度的二级指标是正向的，但贫困程度对于扶贫开发指数是逆向的）表征贫困程度指标。说明教育、医疗、社会保障的青壮年文盲率（文盲总数/人口总数）（这个三级指标对于表征基本公共服务程度来说是逆向的，但基本公共服务程度对于扶贫开发指数是正向的）、新农合参保率（参保人数/人口总数）、新农保参保率（参保人数/人口总数）表征基本公共服务程度指标。生活耐用品拥有量比重、生产性固定资产拥有量比重、"四通"（电、电话、电视、公路）比重表征生产生活条件指标。

表征一级指标绿色发展指数的二级指标有两个，分别是发展污染指数（逆向）和环境保护度。在此基础上延伸出的三级指标有7个，其中绿色增长率、经济增长污染度（二氧化碳排放总量/地区生产总值+能耗总量/地区生产总值）、农业污染度（化肥施用量/总耕地面积）、产业污染度（工业排放量/工业企业总数+第三产业比重）表征发展污染指数（这三个三级指标对于表征发展污染指数的二级指标来说是正向的，但发展污染指数对于其表征的绿色发展指数来说是逆向的），森林覆盖率、人均森林面积比重、碳中和率（O_2/CO_2）、剩余配额率（剩余配额量/配额总量）表征环境保护度。

2. 指标的权重分配

在权重的分配上，由于每个二级指标所包含的三级指标数均有差别，为了保证绿色与减贫两大主题都能实现，可以先对一级指标赋权，然后对一级指标的权重采用均权法赋予三级指标权重，再将三级指标汇总得出二级指标权重。秉着绿色发展与扶贫开发并重的原则，分别赋予绿色发展与扶贫开发两个一级指标各50%的权重。

依据上文的赋权计算方法，扶贫开发指数的三级指标平均赋权为5%，相应二级指标的权重分为贫困程度20%、基本公共服务程度为15%、生产生活条件为15%；绿色发展指数的三级指标的平均赋权为7.1%，相应二级指标的权重分为发展污染指数21%和环境保护度29%，见图2-2。

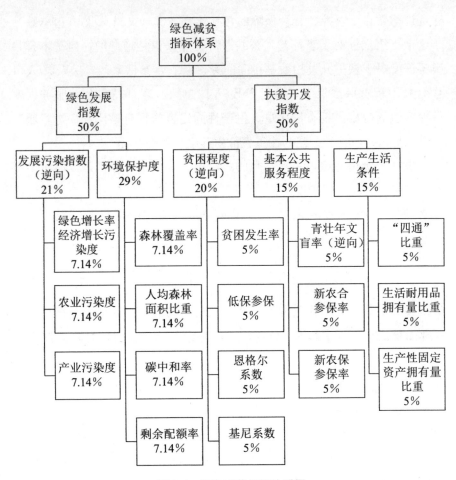

图 2-2　绿色减贫指标体系图

第三章 乡村旅游的实现路径

第一节 乡村旅游的基础理论

中国贫困人口数量庞大，扶贫工作任务艰巨。我国在多年的扶贫实践中摸索出了多种扶贫途径，乡村旅游扶贫便是其中较为成功的典范。虽然乡村旅游扶贫实践在中国广大农村地区发展较为迅猛，但对与之相对的中国乡村旅游扶贫理论的研究依然相对薄弱，乡村旅游扶贫的概念、内涵等问题仍然未能在业界达成共识，而且对乡村旅游扶贫理论基础的探析鲜有涉及。因此，本节的重点是梳理乡村旅游扶贫相关概念的产生与发展过程，剖析乡村旅游扶贫的内涵与作用，旨在归纳、总结与乡村旅游扶贫有关的基础理论。

一、旅游扶贫与乡村旅游扶贫的概念

我国在扶贫开发方面已经取得了巨大的成就，但是因为历史原因和自然地理条件的限制，我国仍然存在着大量的贫困乡村，居民生活贫困，精神生活匮乏。这与城市经济的快速增长形成了巨大的反差。在具有一定旅游资源条件、区位优势和市场基础的贫困地区，通过旅游开发可以带动整个地区经济的发展。因此，乡村旅游扶贫被上升为国家扶贫开发的宏观战略。而正确理解乡村旅游扶贫的概念和内涵，对于制定新

时期的反贫困战略和扶贫政策是非常有帮助的。

（一）旅游扶贫的概念

随着我国经济的发展和人民生活水平的提高，旅游成为不少人休闲散心的首选，旅游市场的规模不断扩大。对于许多贫困地区来说，虽然经济落后，但却保有良好的自然生态环境和独特的文化环境，这些构成了发展旅游的基本条件。因此，这些地区吸引着越来越多的游客，旅游扶贫的概念随之被提出。旅游扶贫是指在欠发达地区，以当地旅游资源为依托，借助各种外部推动力量扶持当地旅游业发展，通过旅游业的关联带动，实现群众脱贫致富目标的旅游发展方式。

在我国长期的扶贫工作中，旅游扶贫具有较强的针对性，效果显著。

（二）乡村旅游扶贫的概念

世界经济合作与发展委员会认为，乡村旅游是依托原生态的乡村环境、原汁原味的乡村文化而进行的旅游活动，乡村中的乡情、乡风、乡味是乡村旅游吸引旅游者的关键所在。乡村旅游扶贫是依托农村良好的自然资源、人文景观和地域风情，以贫困集中地区和贫困村为对象，以户或合作社为单元，以发展乡村旅游业为主导，通过扶贫政策与项目资金的介入，带动贫困地区或贫困乡村经济结构调整和旅游支柱产业培育，提升贫困地区和贫困群体自我脱贫能力与发展能力的扶贫开发模式。

可见，乡村旅游扶贫作为旅游扶贫的一种重要实现形式，是指在扶贫工作中，以一地或一村为发展乡村旅游的对象，对该地区或该村庄实行旅游扶贫，促进该地区或村庄经济和文化的繁荣。

二、乡村旅游扶贫的内涵及原则

乡村旅游扶贫的本质是通过发展乡村旅游业，帮助贫困地区实现脱贫致富的目标。乡村旅游扶贫是借助贫困地区或农村特有的自然、人文、社会资源，吸引政府和经济发达地区的资金投入和游客到访，为贫困地区创造更多的就业机会，增加当地的旅游收入，促进当地的经济发展，从而实现贫困地区在经济和文化等方面的均衡发展。

（一）乡村旅游扶贫的内涵和意义

乡村旅游扶贫有着丰富的内涵，它不仅强调国家扶贫工作的使命感，也强调乡村旅游开发的科学性。

首先，旅游扶贫工作具有使命感、责任感。无论是旅游企业，还是旅游从业人员，都应承担其帮扶和带动贫困居民脱贫的社会责任，可以通过智力援助、投资、合作、租赁等方式促进当地旅游的发展。

其次，乡村旅游开发要讲究科学性。乡村旅游资源的价值评价、产品体系、市场选择和营销、商业计划和商业模式、支持和保障体系，都需要进行科学的规划和设计，没有规划或规划不合理可能会导致投资失误，使乡村地区的状况更糟。

再次，要坚持农民在乡村旅游发展中的主体地位。在主体地位上，不仅要重视农民主体或经营主体的发展，还要增强他们自身的主体意识。过去的扶贫主要以政府为主体，采用发放现金的帮扶模式，没有注重提高农民的脱贫意识，以及在脱贫工作中的主体地位，导致扶贫效果不佳。因此，帮扶必须要重点解决好农民的意识问题和经营能力问题。

最后，要有科学有效的帮扶政策体系。乡村旅游扶贫工作是脱贫攻坚战略部署的重要组成部分，从国家到地方，应制定一以贯之的政策体系。

总之，乡村旅游扶贫工作是一项能够让农民实现脱贫、走向富裕的利民工程、民心工程，具有重要的战略意义。

一是，贫困乡村因未被卷入城镇化的浪潮中，特色旅游资源保护完好，发展乡村旅游有利于彰显当地的生态优势，突出当地的资源价值，推进当地群众致富。

二是，发展乡村旅游能够带动与旅游相关产业的发展。城市居民到乡村旅游人数的增加，必然会增加对农产品的需求数量，从而把商机带到当地，推动农村产业结构优化升级。

三是，发展乡村旅游有利于吸引当地群众就业，推进致富。乡村旅游商机无限，群众可以自己创业，也可以到旅游相关企业务工，在自家门口就能找到一份满意的工作。

四是，发展乡村旅游有利于改善农村的生活环境，加快城乡统筹的进程。发展乡村旅游可以让城市游客回归田园，而城市居民的到来又可以促进当地农民环境意识的提升和传统陋习的根除，进而带来群众思想观念的更新和生活方式的变革，从而推进城乡一体化的进程，促进城乡协调发展。

五是，发展乡村旅游有利于打开乡村封闭之门，加快开放发展。随着乡村旅游的发展，贫困地区的封闭之门被打开，一些传统的观念被打破，当地居民的富裕意识和发展信心被汹涌而来的人流、物流和信息流所激发，进而转被动扶贫为自我脱贫。

六是，发展乡村旅游可以促进农业的转型升级。随着我国经济发展进入新常态，农村经济也需要紧跟时代步伐，融入宏观经济大格局，实现从传统粗放型农业向集约型农业的转变，从传统的要素驱动向创新驱动的转变。

在乡村旅游扶贫的实践中，已有许多革命老区、少数民族地区及农村落后地区靠发展乡村旅游业实现了产业结构的调整和经济的转型升级，最终实现了脱贫致富。

（二）乡村旅游扶贫的原则

在欠发达地区的旅游扶贫研究中，国际学者近年来提出PPT（Pro-Poor Tourism Strategy，即有益于贫困人口的旅游战略）和ST-EP（Sustainable Tourism as an Effective Tool for Eliminating Poverty，即减贫的可持续旅游战略）两类旅游扶贫战略观，前者注重旅游扶贫的人本导向，后者强调旅游扶贫的可持续性。结合这两种战略思想，开展旅游扶贫开发工作应遵循以下原则。

1. 因地制宜原则

首先，立足当地的旅游资源以及基础设施建设条件，对于不具备旅游开发条件的地区应寻找其他扶贫开发方式。其次，突出地方特色，切忌盲目跟风，要充分发挥旅游扶贫带来的推动地方经济发展、提高当地居民生活水平、改善生态环境以及优化旅游社区结构的作用。

2. 贫困人口参与原则

旅游扶贫开发强调通过开发旅游项目为贫困人口提供机会。首先，在旅游扶贫实施过程中，要培养贫困人口的自我发展能力，提高贫困人口的参与程度，以确保贫困人口的需求被优先满足。在这方面，政府和非政府组织（Non-Governmental Organizations，NGO）的作用不容忽视。其次，旅游扶贫开发强调扶贫是多方面的，其目标已从单纯的增加经济收入扩展到实现经济、社会和环境共赢。

3. 均衡发展原则

旅游产业具有综合性强、关联度高且产业链长的特点，因此旅游扶贫应与现有较为广泛的旅游系统产业建立连接，并获得旅游相关部门（如交通、市场）的支持。产业链条各环节的宏观及微观等多样化活动需要协同发展，充分发挥产业的集聚效应。

4. 可持续发展原则

扶贫是一项长期的系统工程，对于旅游扶贫地区来说，当地居民达到致富目标的根本保障是实现旅游业的可持续发展，从而能够长期受益，从根本上摆脱贫困的局面。因此，在旅游资源的开发利用上，必须坚持适度开发和保护相统一、短期利益与长远利益相结合的原则，不断增强旅游业的可持续发展能力，避免盲目扩大规模，一味追求商业化。

三、乡村旅游扶贫的理论基础

乡村旅游扶贫将旅游发展与扶贫工作相结合，需要依赖各个社会部门之间的协同与配合。同时，乡村旅游扶贫将会对贫困乡村的旅游资源、旅游基础设施建设，旅游服务，当地的农、林、牧、渔等传统产业等旅游产业链条的诸多方面带来深远的影响，必将推动贫困地区旅游业、农业、金融、服务、餐饮、住宿、交通等行业的全面转型升级。因此，乡村旅游扶贫实践涉及的基础理论范围极其广泛。下面对乡村旅游扶贫发展涉及的主要基础理论进行归纳与阐述。

（一）旅游系统理论

旅游系统是指由旅游活动的各种因素直接参与、彼此依靠而形成的一个开放的有机整体，主要涉及旅游资源、旅游者和旅游媒介（又称旅游通道）三大要素。

1.旅游系统理论及模型

随着系统论的思想和方法不断应用到旅游研究中，旅游系统的概念被提出并不断得到发展。其中，影响力较大的旅游系统模型是雷珀（Leiper）于1979年提出并在1990年予以修正的雷珀模型，这一模型是从空间结构角度进行考察的旅游系统模型。雷珀模型包括旅游者、客源地、旅游业、旅游通道和目的地五个要素，重点研究客源地、目的地和旅游通道三个空间要素。雷珀把旅游系统描述为由旅游通道连接的客源地和目的地的组合。旅游活动的开展和旅游业的发展必须系统地考虑旅游者的需求、旅游业的发展环境、客源地、旅游通道及其与目的地之间的空间关系。

冈恩（Gunn）2002年提出的旅游系统模型（如图3-1）使人们对旅游系统的认识实现了质的飞跃。该模型由需求板块与供给板块两部分构成，其中供给板块由交通、信息、促销、吸引物和服务等构成。他认为，这五个部分是旅游规划中的基本要素，旅游活动的实现，至少要涉及上述五个要素，并且要求这五个要素相互作用形成一个有机整体——旅游功能系统。2002年，冈恩教授又提出了一个新的旅游功能系统模型。在该模型中，供给和需求两个最基本要素之间的相互匹配构成了旅游系统的基本结构。在供给子系统里，吸引物、促销、交通、信息和服务之间存在着相互依赖的关系，它们共同作用，提供符合市场需求的旅游产品。可以说，冈恩教授对供给子系统的描述很好地体现了旅游产品作为一种组合产品的特征。

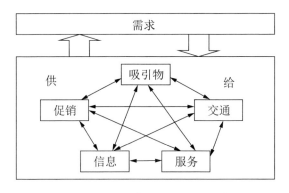

图 3-1　冈恩旅游功能系统模型

2.旅游系统理论与乡村旅游扶贫发展

（1）旅游系统理论可以为乡村旅游扶贫的规划、实施方案的制定提供理论指导。乡村旅游扶贫开发涉及旅游系统各方面的协调与合作，旅游系统理论明确了旅游产品、旅游服务、旅游信息、交通、营销、自然与社会环境在旅游系统中的地位和作用，因此，乡村旅游扶贫项目框架的构建、乡村旅游扶贫建设方案的实施都可以以旅游系统理论为参考。

（2）旅游系统理论可以促进乡村旅游扶贫工作的协调发展。旅游系统理论可以指导乡村旅游扶贫各部分之间的协调发展，加强旅游各个环节之间的联系，实现政府、旅游企业、旅游者、旅游目的地居民、交通部门等社会主体之间的高效协同与联动。只有旅游系统高效、有序、低成本地运行，才能够充分发挥出旅游业在扶贫工作中的关联带动作用，从而达成通过发展旅游带动贫困地区经济发展的目的。

（二）产业链理论

旅游业是一个综合性比较强的产业，旅游产品的供给是由一系列旅游企业和组织分工协作来完成的，旅游企业和组织分工协作的过程中构成了一个共同向消费者提供产品和服务的分工合作关系，即旅游产业链。旅游扶贫目标的实现，不仅需要旅游扶贫产业链具有较强的价值创造能力，还需要旅游产业链具有良好的价值分配功能。因此，我们有必要充分地认识产业链理论及其在乡村旅游扶贫中的运用。

1. 旅游产业链的概念和特征

产业链是产业经济学中的一个概念，是指各个产业部门之间或产业的各个环节之间基于一定的因果联系，并依据特定的逻辑关系和时空布局关系客观形成的链条式或网状式的关联关系形态，包括价值链、企业链、供需链和空间链四个维度。

基于产业链的基本特征，结合旅游产业综合性强的特征，可以将旅游产业链定义为：一种以满足旅游者需求为目标，以旅游客体（旅游景区或旅游吸引物）为核心，所形成的包括产品设计、生产、销售以及对旅游业发展起支持作用的企业或组织所构成的网链结构。旅游产业链与一般产业链不同，它具有自身所独有的特性。

第一，一般产业链研究的是"物流"，而旅游产业链研究的是"人流"，即由于人的流动而引起的一系列经济关系和现象，目的是满足旅游者的需求。

第二，旅游产业链比一般制造业产业链更加复杂。其复杂性表现在以下四个方面：①旅游产业链所提供的旅游产品来源广泛，种类繁多；②旅游产业链上供应商分属多个行业，各个行业又具有其独立的经营管理特点，旅游产品质量难以控制；③旅游产业链上企业之间、核心企业与供应商间的关系较为复杂；④旅游产业链上存在着复杂的委托代理关系，旅游者只有经过层层代理才能完成旅游活动。

第三，旅游产业链管理的核心思想是资源整合、整体运作和强强联合。与传统企业的"上下游结构"不同，旅游产业链是"平行横向结构"。甚至有的学者认为旅游产业链更像是一个"网状结构"。旅游企业不仅要在自己的领域提供专业化的服务，培养核心竞争力，还要通过与外围优秀企业的强强联合，整合内外部资源，提高产业链上企业的整体效益。

2. 产业链理论在乡村旅游扶贫工作中的应用

由上述分析可知，充分理解和运用旅游产业链理论，能够更好地发挥旅游产业各个部门在贫困地区旅游扶贫工作中的作用和功能。然而，对于旅游产业链管理在乡村旅游扶贫发展中的应用，国内外的研究仍然较少。

在理论界、工商界，越来越多的专家学者和旅游企业管理人员认为，整合与细分产业链、产业分工、增加链接点的附加值是一种提高产业链的竞争力和适应力的有效方法。而旅游产业链不能有效地实现区域资源的整合，是旅游扶贫战略成效不明显的根本原因。

在乡村旅游扶贫实践中，邮政、通信、金融、交通、住宿、餐饮、景区、文化娱乐、购物等相关行业和单位，构成了一个地区完整的产业链条。这些链条中的每一个环节均可以为目的地的贫困居民提供相应的工作机会，进而通过旅游活动提高他们的收入，最终实现旅游扶贫的目的。乡村旅游的发展需要酒店、餐饮、交通、商业等服务人员，为贫困地区劳动力的转移和农民增收创造了条件。同时，休闲农业有利于城乡人才、信息、科技的交流，不仅可以使城市居民了解和体验现代农业，而且可以促使农民转变观念，带动乡村文化、经济、环境的协调发展。

（三）区域经济理论

从全球范围内社会经济的发展实践来看，区域已经成为一个国家和地区经济发展的重要地理单元，如环渤海经济圈、中原城市群、长江三角洲城市群、珠江三角洲城市群等。以区域为单元研究一个地区的经济、文化、生态成为社会研究的一种重要手段。贫困首先是一种区域现象，因此，区域理论可以为乡村旅游扶贫提供基础的理论支撑。

1. 区域经济理论的概念

区域经济理论是研究生产资源在一定空间（区域）的优化配置和组合，以获得最大产出的学说。生产资源是有限的，但有限的资源在区域内进行优化组合，可以获得尽可能多的产出。对区域内资源配置的重点和布局主张的不同，以及对资源配置方式选择的不同，形成了不同的理论派别。

（1）平衡增长与不平衡增长理论

20世纪50年代中期，西方发展经济学界曾爆发过一场关于发展中国家应采取平衡增长还是不平衡增长的争论。他们对各种产业能按同样比例增长的"平衡增长理论"和强调由于某特定的重点产业而引起其他产业增长的"不平衡增长理论"进行了解释。

主张平衡增长的主要有罗森斯坦·罗丹（Rosenstein Rodan）、纳克斯（Nurkse）和刘易斯（Lewis）等。他们认为，资本形成的不充分是经济发展的约束条件，而影响资本形成的主要因素不是储蓄的供给不足，而是投资有效需求的欠缺。如纳克斯说："困难首先在于，低实际收入水平下不可避免地会出现需求缺少弹性。就是这样，购买力的缺少会束缚任何个别工业的投资引诱。"[①]因此，这些学者主张按消费者的偏好平衡地增加生产，对各种产业部门同步投入资本，通过各产业部门的平衡增长形成具有互补性质的国内市场和足够的投资引诱。平衡增长理论认为"只有广泛范围的消费品，按照消费者偏好模式，平衡地增长生产，才会创造它自己的需求"[②]。只有这样，发展中国家的经济才会实现持续稳定的增长。

对平衡增长理论的一个主要批评是，它没有抓住发展中国家经济发展的基本障碍，即各种资源的短缺。平衡增长理论的批评者并不否认大规模投资规划和互补活动扩张的重要性。他们的论点是，在资源不足，特别是缺少资本、企业家和决策者的条件下，争取平衡增长就不能对资源的自发动员提供足够刺激，也难以产生行政投资。如果实行计划，就不能有效地进行决策。因此，不平衡增长理论应运而生，其主要代表人物有赫希曼（Hirshman）、斯特里顿（Streeton）、罗斯托（Rostow）等。

赫希曼认为，束缚经济发展的首要因素是企业家的决策能力或才干。他批评平衡增长理论者为了强调国民经济各部门的均衡发展和各项产品的广大市场的全面形成，而过低估计了建设项目可能迟迟难于建成，建成之后生产又缺乏效率的情况。从产业关联度的概念出发，他主张不要同时发展各项产业，而应当集中力量发展那些关联效应比较大的

---

① 阿加尔瓦拉，辛格，等.不发达经济学 [M].牛津：牛津大学出版社，1973：257.

② 阿加尔瓦拉，辛格，等.不发达经济学 [M].牛津：牛津大学出版社，1973：258.

产业，以它们为动力逐步扩大对其他产业的投资。这样，发展中国家会比平衡增长时发展得更快。这种跷跷板式不平衡前进，较之各行业齐头并进的平衡增长的好处是给投资的决定带来了相当可观的机会。

（2）增长极理论

增长极理论最初由法国经济学家弗朗索瓦·佩鲁（Francois Perroux）首次提出，该理论被认为是西方区域经济学中经济区域观念的基石，是不平衡发展论的依据之一。增长极理论认为，一个国家要实现平衡发展只是一种理想，在现实中是不可能的，经济增长通常从一个或数个"增长中心"逐渐向其他部门或地区传导。因此，应选择特定的地理空间作为增长极，以带动其他地区经济的发展。在我国的乡村旅游扶贫工程中，也可以考虑选择具有聚集和辐射效应的地区作为乡村旅游扶贫的"极"，通过增长极的发展带动和辐射更多的贫困乡村脱贫致富。

（3）点轴开发理论

点轴开发理论最早由波兰经济学家彼得·萨伦巴（Piotr Zaremba）和马利士（Marlis）提出。点轴开发理论是经济增长极理论的延伸，但在重视"点"（中心城市或经济发展条件较好的发展区域）增长极效应的同时，也强调了"点"和"点"之间的"轴心"，即主干交通的作用。

该理论非常重视区域发展的区位条件，强调交通条件对经济增长的作用，认为"点—轴"开发地区的经济发展的作用大于简单的增长极开发的作用，也更有利于区域经济的协调发展。20世纪80年代以来，中国的生产力布局和区域经济开发基本上是按照"点—轴"开发的战略模式逐步开展的。我国的乡村旅游扶贫工作的开发也应该首先考虑贫困地区交通条件的改善，从而把分散的"点"串联起来成为"轴"，形成乡村旅游发展的合力。

（4）网络开发理论

网络开发理论是点轴开发理论的延伸。该理论认为，在经济发展到一定阶段以后，地区的增长极和增长轴的影响范围会不断扩大，从而在区域内形成商品、资金、技术、信息、劳动力等生产要素的网络。在此基础上，加强增长极与整个区域之间生产要素的交流，促进地区经济一体化,特别是城乡一体化;同时,通过网络的延伸、加强与区域外经济网络的联系,在更大范围内对更多的生产要素进行合理配置和优化,可以促进区域经济更大的发展。

网络开发理论强调城乡一体化,期望逐步缩小城乡差别,促进城乡经济协调发展。这正是我国乡村旅游扶贫工作的初衷和出发点所在。

2. 区域经济理论在乡村旅游扶贫工作中的应用

区域经济理论的核心内容对旅游扶贫有如下的启示。

第一,首先,贫困是区域的一种状态,要促使区域从贫困状态向可持续增长状态转变,需要旅游业从外界吸收物资、信息、资金等,促进区域的发展。其次,从产业结构上看,旅游业有广泛的上游产业链、下游产业链和侧向产业链,作为区域的增长极,可发挥极化效应和扩散效应,带动区域的全面发展。旅游扶贫的优势在于产业的带动可促进区域的全面发展,比传统的扶贫方法有更大的优势。

第二,从全国大的区域范围看,旅游客源地是增长极,其经济增长后以旅游活动方式扩散,带动周边地区的发展。而旅游业是落后地区接受旅游客源地经济扩散最好的产业载体。从小区域范围看,旅游扶贫地区的旅游业在资源禀赋、区位条件和外部环境等方面具有优势,可作为区域经济增长极,并能通过乘数效应推动其他部门的增长,具有较强的产业带动作用,从而促进区域经济的全面发展。

第三,旅游扶贫地区可以充分发挥旅游业的优势,接收客源地的资金流、信息流,促进景区的经济发展,达到致富的目的。在扶贫方式上,可改"输血"为"造血",通过投资优势产业,带动区域经济的全面发展,使贫困地区的人口获得更多的就业和发展机会。

第四,发挥政府的主导作用,对基础设施进行投资,改善当地旅游业的发展条件,促进旅游业的发展。对产业关联度高的第三产业——旅游业进行投资,可获得外部经济效果,促进景区及周边经济的发展。

总之,旅游扶贫是区域系统理论、区域经济增长理论和区域产业结构理论的有机结合,核心是发挥旅游业的带动作用,促使区域状态的改变，从根本上消除致贫因素，达到致富的目的。

（四）旅游乘数理论

1. 旅游乘数概念

乘数主要是指经济活动中其一变量与其引起的其他经济变量以及经济总量的比率。乘数概念首先由英国经济学家卡恩（Kahn）于1931年提出的，经著名经济学家凯恩斯（Keynes）进一步完善后，在社会经济领域中得到了广泛的运用。

乘数效应是指经济活动中某一变量的增减所引起的经济总量变化的连锁反应程度。它是以乘数加速度方式引起最终量的增加的一个变量，是制定宏观政策要考虑的因素。在经济活动中，各个行业之间的相互关联、相互促动，乘数效应较为明显。

旅游业是一个遵循经济发展规律的产业，因此乘数效应同样适用于旅游业的发展。旅游乘数不同于投资乘数，它是指旅游收入、旅游消费、旅游投资或旅游服务等所引起旅游经济增长或就业人数的增加的倍数。旅游乘数是进行定量分析和揭示影响旅游经济增长要素的重要方法，是衡量旅游经济在国民经济中的地位和作用的重要定量指标。

2. 旅游乘数的类型

旅游乘数包括旅游收入乘数、旅游产出乘数、旅游就业乘数、旅游投资乘数和旅游进口乘数五种类型。

（1）旅游收入乘数。旅游收入乘数是指旅游消费所带来的旅游总收入与旅游消费之比，即旅游直接收入、旅游间接收入与旅游诱导收入的总和，再除以旅游消费总额的比值。该乘数从旅游收入方面说明旅游消费所产生的旅游经济效应。

（2）旅游产出乘数。旅游产出乘数是指增加单位旅游消费对旅游目的地国家或地区的直接效应和带动效应，并引起整个旅游总收入的增长量，它度量的是单位旅游消费对旅游总产出的影响。

（3）旅游就业乘数。旅游就业乘数是指旅游收入和消费支出的增加所引起的社会就业人数的变化。旅游就业乘数有两种表示方法：一是旅游总就业效应，指的是旅游总收入或旅游总消费与全部旅游就业（包括直接和间接）人数的比值，其反映了在一定时期内旅游收入或旅游消费对社会就业的带动作用和水平；二是旅游业就业效应，是用旅游收入或旅游消费所带来的直接与间接就业人数之和同直接就业人数之比来表示，其反映了旅游业就业对相关社会就业的带动作用。因此，通过对上述两种旅游就业乘数的运用，就可以分析旅游经济对社会就业的影响。

（4）旅游投资乘数。旅游投资乘数是指旅游业收入增长与旅游投资变化的关系，即一定时间范围内，新增直接和间接旅游投资之和与新增旅游收入或旅游增加值的比例。旅游投资乘数反映了增加单位旅游投资对旅游总产出的带动效应。此外，通过与国内生产总值进行比较，该乘数还可以反映旅游投资对整个经济增长的作用和影响。

（5）旅游进口乘数。旅游进口乘数是每增加单位旅游收入最终导致旅游目的地国家或地区总进口额增加的比率关系。该乘数表明一个国家或地区随着旅游经济的发展，旅游企事业单位及向旅游业提供产品和服务的其他相关企事业单位，向国外进口物资、设备等数额的增加量与总进口增量的关系，体现了旅游经济对旅游目的地国家或地区进出口总额的影响。

3. 旅游乘数效应在乡村旅游扶贫工作中的应用

旅游乘数效应是旅游扶贫的理论依据之一。贫困地区通过因地制宜地发展观光、体验型旅游业，能够吸引外来投资、吸引收入较高地区的游客前来休闲、度假，从而带动本地区旅游业的发展。外来资本的投入必将带来管理、技术、服务等产业要素向贫困地区转移，培养贫困地区的"造血功能"。在五大乘数效应中，旅游产出乘数、旅游就业乘数和旅游投资乘数效应对旅游扶贫工作的贡献较为明显。因此，旅游扶贫工作中应注重对这三大效应的运用。

在发展乡村旅游的过程中，应充分发挥旅游乘数的作用。具体来说，就是做好乡村旅游景观规划，丰富乡村旅游产品，构建完整的乡村旅游产业链，健全包括食、住、行、游、购、娱，甚至信息在内的要素，从而实现旅游产出效应。有了好的规划和旅游项目，辅以政府的招商引资，必然会吸引很多的外来资本前来共同开发乡村旅游项目。如此一来，乡村旅游项目的建设必然会带动当地基础设施建设行业、金融行业、物流行业、酒店餐饮业、交通运输业等相关产业的发展，充分发挥旅游的投资乘数效应。有了前两项乘数效应的发挥，再做好乡村旅游产业链的构建，也就必然会提供很多的就业机会和创业机会，帮助越来越多的贫困地区居民回乡就业或创业，实现旅游就业乘数效应。

综合以上分析，旅游乘数效应的发挥对乡村旅游扶贫工作起着重要的作用，也必然会凸显乡村旅游在扶贫工作中的战略意义。

（五）产业融合理论

1. 产业融合理论概述

产业融合是指不同产业或同一产业的不同行业相互渗透、相互交叉，最终融合为一体，逐步形成新产业的动态发展过程。产业融合作为一种新的经济现象，最初发生在电信、广播电视和出版等行业，之后随着新科技的快速发展和企业跨行业、跨地区的兼并重组，产业的界限也逐渐模糊，全新的融合型产业体系逐步形成。如今，产业融合已成为一种普遍现象，对个人、企业和国家等各个层面都有影响。

旅游产业与文化产业、信息产业、高新技术产业、旅游地产、农业、工业等的融合发展也已成为旅游业发展的新趋势，为旅游业的发展创造了更为有利的社会环境和发展条件。与其他产业相比，旅游产业具有较强的综合性和包容性，与相关产业之间具有很强的交叉性和互补性，旅游业与相关产业的融合发展将大大提升旅游业的竞争优势。

2. 产业融合理论在乡村旅游扶贫工作中的应用

从乡村旅游发展的角度来看，旅游业与乡村产业的融合体现在以下几个方面：①旅游业与农业种植进行融合，形成梯田景观、赏花节庆、果蔬采摘、原生态餐饮等旅游项目；②旅游业与畜牧业养殖相融合，形成狩猎、骑乘、观赏、原生态餐饮等项目；③旅游业与林业生态休闲进行充分融合，形成生态休闲度假、攀岩、登山观光、天然氧吧等项目；

④旅游业与渔业相融合，形成水上运动、垂钓、风味餐饮等项目。此外，还可以将旅游业同乡村民俗事象、文化相融合，开发观光、鉴赏、文艺汇演等文化演艺及体验项目。

（六）利益相关者理论

1.利益相关者理论概述

利益相关者理论的提出最早可追溯到彭罗斯（Penrose），他于1959年出版的《企业成长理论》中提出的"企业是人力资产和人际关系的集合"的观念，为利益相关者理论的构建奠定了基石。1963年，斯坦福大学研究所明确地提出了利益相关者的定义：利益相关者是这样一些团体，没有其支持，组织就不可能生存。随后，利益相关者的定义得到了不同角度的演绎和解释。其中，最具代表性的观点是弗里曼（Freeman）1984年提出的：利益相关者是那些能够影响企业目标实现，或者能够被企业实现目标的过程影响的的任何个人和群体。这一定义成为20世纪80年代后期、90年代初期关于利益相关者界定的一个标准范式。[①]

随着对旅游目的地影响因素研究的深入，旅游人类学和人类社会学越来越关注目的地居民权益，在旅游可持续发展理念的推动下，利益相关者理论逐渐被引入旅游领域，主要探讨在旅游开发过程中如何协调利益主体的利益要求，实现旅游业的协调永续发展。

2.利益相关者理论在乡村旅游扶贫工作中的应用

利益相关者理论中涉及的利益相关者主要有四大类：政府、企业、旅游者、当地居民。他们的利益诉求各有侧重，诉求实现的方式也各不相同。万剑敏基于利益相关者理论，以江西省鄱阳县为例对旅游扶贫工作在县域经济中的应用进行了研究，研究指出："旅游扶贫的核心是责任权利分配，厘清不同主体的责任权利分配关系，保障贫困人口的利益，有助于旅游扶贫目标的实现。利益分配应当遵循责权对等、公平分配、形式多样原则，在各方利益均衡协调的前提下，着重增加贫困人口

---

① 贾生华，陈宏辉.利益相关者的界定方法述评[J].外国经济与管理，2002（5）：13-18.

收入。且要建立全方位监督约束机制"①，如此才能实现旅游扶贫的可持续发展。

利益相关者理论可以准确把握乡村旅游涉及的相关主体，正确运用利益相关者理论能够为乡村旅游扶贫规划、乡村旅游扶贫措施、乡村旅游扶贫模式等方面提供理论指导，使乡村旅游扶贫工作能够真正发挥作用，避免目的地地区成为外来资本的赚钱工具。

（七）共享发展理念

1.共享发展理念概述

共享发展的核心意义正如恩格斯在《共产主义原理》中所说的那样："结束牺牲一些人的利益来满足另一些人的需要的状况……通过产业教育、变种工种，所有人共同享受大家共同创造出来的利益，通过城乡的融合，使社会全体成员的才能得到全面发展。"②党的十八届五中全会明确指出："共享是中国特色社会主义的本质要求。必须坚持发展为了人民、发展依靠人民、发展成果由人民共享，作出更有效的制度安排，使全体人民在共建共享发展中有更多获得感，增强发展动力，增进人民团结，朝着共同富裕方向稳步前进。"具体而言，共享发展理念蕴涵着如下基本内涵。

（1）全面性。共享的内容和范围必须是全面的，即能够共享经济、政治、文化、生态等方面的建设成果。按照党的十八届五中全会的部署，共享发展的主要内容包括八大方面：消除贫困现象、增加公共服务供给、优先发展教育事业、促进就业创业、提高居民收入水平、完善社会保障制度、提高居民健康水平、改善居民居住条件。

（2）全民性。共享的主题必须是全覆盖，没有歧视和偏见，即全民共享。共享发展理念的提出就是为了纠正受益性不均衡的问题，如阶层间的共享失衡、城乡间的共享失衡、地区间的共享失衡、行业间的共享

---

① 万剑敏.基于利益相关者理论的县域经济旅游扶贫研究：以鄱阳县为例 [J].农林经济管理学报，2012，11（4）：111-116.

② 陈林.恩格斯传 [M].北京：人民日报出版社，2018：395.

失衡，让每一个人都能真正共享改革发展的成果。

（3）主体性。共享离不开共建，共建才能共享。要坚持以人民为中心的发展思想，充分发扬民主，广泛汇聚民智，最大限度地激发民力，充分调动人民的积极性、主动性、创造性，形成人人参与、人人尽力、人人都有获得感的共享发展局面。

（4）现实性。共享的程度必须与经济社会发展的整体水平相适应，不能过度透支和提前透支。一般而论，共享发展是沿着社会救济的层次、社会保障的层次与社会福利的层次以阶梯式推进的。

（5）多样性。实现共享的手段和方法是多种多样的，既可以通过大力发展经济；也可以通过制度安排，保障发展起点、发展机会、发展权利向所有社会成员开放，促进共享发展。既可以是加快建设服务型政府，向公众提供更多的公共产品和公共服务，尤其是促进基本公共服务均等化；也可以是发展社会慈善事业，通过社会财富的第三次分配，缩小共享水平的差距。

2. 共享发展理念在乡村旅游扶贫工作中的应用

在乡村旅游开发成果共享理念的引导下，当地居民、地方政府、旅游开发企业、旅游者四大利益主体通过博弈和协商，构成了多赢的利益共同体。在共享开发成果意识共鸣下，四大利益主体在乡村旅游发展中有意识地引导乡村社会经济结构良性变迁。

（1）共享理念促进乡村经济结构调整。乡村旅游在带动农村产业结构调整、接纳村民就业、促进乡村经济发展、传承民族民间文化等方面起到了举足轻重的作用，它促进了农村经济发展、增加了农民收入。村民离土不离乡，可通过兴办旅游商业、参加民俗活动表演、打零工等方式增收，还可以通过参与乡村旅游项目的"入股"分红增收。

（2）共享理念促进村民素质提高。共享理念在保障旅游经营者的利益的同时，也保障外来旅游者的利益，推动外来旅游者与当地居民的"交心"接触与互动。外来旅游者通过言传身教将外部一些新的综合信息和发展理念带到乡村，随着时间的推移，当地居民与外来旅游者交换的信息不断增加，当信息量足够大时，就能对当地居民产生潜移默化的影响，使当地居民积极加强相关文化知识的学习，从而能够全面提升当地居民的综合素质。

（3）共享理念增强文化保护建设意识。当村民参与了社区旅游发展规划决策、发展战略决策、发展思路与发展路径的制定，以及具体的旅游服务项目之后，他们的发展决策能力、自我管理能力、服务意识等也得到了提高。通过对以民族文化为主体的乡村旅游的开展，使村民认识到本民族文化的重要性，产生自豪感和自信心。在成果共享分配的机制理念促使下，当地村民亲身参与到旅游开发中，对自身的文化价值产生新的认识，并懂得传统民族文化对旅游发展的重要作用，从而自觉主动地传承与创新现有的文化。

（八）其他相关理论

1. 内生式发展理论

内生式发展理论是指以区域内的资源、技术、产业和文化为基础，以创新为动力，激发当地居民的积极性，鼓励当地居民自己创业或以其他主体的形式参与到区域发展中来，促进区域内经济、社会、文化、生态全面发展的模式。内生式发展理论具有以下四个特点：①区域内的居民要以本地的技术、产业、文化为基础，以区域内的市场为主要对象，开展学习、计划、经营活动（但这并非是地区保护主义）；②以环境保护为前提，追求包括生活适意、福利、文化及居民人权在内的综合目标；③产业发展不限于某一产业，而跨越复杂产业领域，力图建立一种在各个阶段都能使附加价值回归本地的地区产业关联；④建立居民参与制度，自治体要体现居民的意志，并拥有为了实现该计划而管制资本与土地利用的自治权。

2. 亲贫困增长理论

亲贫困（Pro-poor Growth）增长也被译为贫益式增长、益贫式增长，该概念源于切纳里（Chenery）和阿鲁瓦利亚（Ahluvalia）所建立的增长利益再分配模型，由马丁·拉瓦雷（Ravallion Martin）正式提出，具体是指贫困群体能够参与经济活动并能从中直接得到更多好处的经济增长。亲贫困增长关注的核心问题是贫困人口的收入和生活状况能否随着经济的增长而改善。与经济增长的涓滴效应理论不同，亲贫困增长理论强调直接使贫困群体从经济增长中获得好处，而不是通过间接的方式。减贫离不开经济的增长，但贫困人口能够从经济增长中分享到多少利益却取决于一系列条件，主要包括收入分配条件、人力资本、资源禀赋等。主张通过亲贫困增长实现减贫的学者认为，贫困人口相对于富有群体而言，缺少维持自身发展的资源。因此，政府应该制定一个倾向贫困群体发展的战略，使贫困群体能够从经济增长中获得更多的收益。实现亲贫困增长的途径有：①制定合理的收入分配政策；②提高贫困人口的福利水平；③消除妨碍贫困人口参与经济增长的外部障碍；④增加贫困人口参与经济增长过程的机会；⑤提高贫困人口分享经济增长的能力。

3. 比较优势理论

比较优势理论可追溯到亚当·斯密的《国民财富的性质和原因的研究》中有关贸易的绝对比较优势理论。比较优势理论的核心思想是根据本地区的资源优势来组织本地区的经济活动。不同地区因其自然资源和人文地理迥异，其所拥有的资源禀赋也存在较大差异，如果能够利用自身的优势资源开展相应的经济活动，就能在市场竞争中处于相对有利的地位。故贫困地区在反贫困发展战略的选择上，应选择与比较优势相符的发展战略，优先发展那些具有比较优势的产业。旅游扶贫虽然是一种行之有效的扶贫方式，但并不适用于所有的贫困地区，只有具备相应条件的贫困地区才能取能理想的扶贫效果。

旅游扶贫至少需要具备以下五个条件：第一，市场条件，即靠近重要的客源市场。第二，乡村旅游资源丰富，具有比较优势。第三，旅游资源可通达性，即旅游者可以较方便快捷地到达旅游目的地。第四，具备能满足游客食、住、行基本需求的接待设施。第五，该地区除了青山、绿水、淳朴民俗这三类自然和文化资源外，几乎没有其他资源可供开发，即旅游扶贫开发机会成本低。同时具备以上五个条件的地区有少数民族聚集的山区，这些地区具有一定的优势资源，可将生态资源、人文资源、物种资源充分结合、物尽其用，使乡村旅游开发一方面充分利用少数民族地区丰富的旅游资源，促进游客身心健康、心情愉悦，另一方面可将独具特色的民族传统文化融入旅游的开发进程中，使少数民族传统文化得以发扬光大，最终在实现少数民族人民创收的基础上，使社会关系更加和谐，各民族更加团结。

第二节　乡村旅游的模式与路径

乡村旅游扶贫模式是基于对乡村旅游扶贫发展经验的总结与思考所形成的范式或方法，对乡村旅游的后续发展具有指导作用与现实意义。本章重点分析国内外乡村旅游扶贫模式的具体划分与特征；探讨实现乡村旅游扶贫的实现路径；并进一步对乡村旅游扶贫的可持续性进行详尽的分析。

一、乡村旅游扶贫模式的不同类型

基于不同的经济与社会环境，国内外的乡村旅游扶贫模式具有不同的类型。

（一）国外乡村旅游扶贫的模式

贫困是世界性的难题，反贫困已经在全球范围内达成共识，而有关扶贫的方式，各国都做出了很多尝试。作为其中一个由来已久的项目，旅游扶贫在国际上已经有了长足的发展，其作用与意义已经得到了各方的认同。与此同时，经过多年的发展，旅游扶贫已经形成了比较完善的模式，而不同的国家由于经济与资源条件的不同，也形成了不同的模式。

1. 日本

日本采取个体农户模式，即以务农旅游为契机，以农户为主体，进行产品的设计与推广，并通过还原农业行为的原真性进行旅游扶贫的建设，唤起人们对农业与环境保护的重视。这类模式不需要其他主体追加投资，可以使农民在收益和就业岗位上获得最直接的利益。同时，通过体验旅游，可以将农村的风光风情推广出去，达到双赢的效果。但因为乡村旅游的主体是农民，其在产品开发、产品宣传方面具有一定的局限性，通常以被动经营为主，在制定旅游开发策略方面，缺乏长远与合理的规划，所以产品具有一定的雷同性，这就影响了产品本身的品牌建设与经济效益。

2. 韩国

韩国的观光农园采用农户联营的模式，它一般由几户农民联合开发，集食宿、劳动、文化于一体，是体验参与农事活动、感受质朴乡村生活的不二选择。韩国一般在湖泊、沙滩、温泉，或有历史名胜遗迹的风景区开发乡村旅游，其内容很丰富，不论是海滩、山泉、小溪，还是人参、瓜果、民俗，只要具备独特的特点，就能成为乡村旅游的主题。名目繁多的节事活动是韩国乡村旅游的一大特点。韩国各地加起来，与乡村旅游有关的民俗节日有800多个。观光农园旅游开发模式不仅保护了当地的产业链，提高了当地居民的就业水平与收入水平，而且通过相对严格的可行性评估与监控体系为游客的旅游质量提供了有力的保障。同时，在观光农园的建设和发展过程中，政府还出台了一系列的标准，有效地保护了当地的农业环境与生态环境。但由于交通与生态环境的限制，这种模式推广的范围并不大，在参与人数与推广范围上还有很大的进步空间。

3. 法国

法国的乡村旅游扶贫采用的是"农户＋企业＋协会＋政府"的发展模式。法国政府主要从宏观政策层面扶持乡村旅游发展。自1955年开始，政府就从资金方面积极帮助开展旅游业的农户们，启动了"农村家庭式接待服务微型企业"资助计划。为了推动乡村旅游行业的自律，在政府的宏观政策指导下，各个协会开始制定相关的行业规范和质量标准，并积极地为农户提供培训和各种信息咨询服务。对于乡村旅游的主要经营体，法国政府积极鼓励农户在经营农业的同时深入开发农业资源，拓展乡村旅游服务。在旅游产品开发方面，法国政府针对不同游客的需求开发多元化的产品体系，其中，体验性的娱乐项目是法国乡村旅游的重要特色。

"农户＋企业＋协会＋政府"的旅游扶贫模式对当地物质文化与精神文化资源的保护起到了重要作用，但该模式的开展对农户服务素质与文化素养方面的要求相对较高。

4.匈牙利

匈牙利的乡村旅游采用"政府联合会＋NGO（非政府组织）＋农民组织＋高校"的模式。该模式利用匈牙利风景如画的田园风光，富有民族特色的乡村农舍，丰富的历史古迹，加之村民们的好客和周到的服务，招徕国内外的观光游客。这种特色旅游，不仅使游客可以领略绿色的田园风光，感受浓郁的乡土气息，了解异国的风土人情，而且可以使他们远离喧闹的城市，享受大自然的恬静。

在这种模式下，政府联合会是一个为农村旅游业发展提供帮助的会员组织，其会员包括免费向游客提供农村旅游服务信息的各种宣传媒体，对农村旅游业的发展提供咨询服务的旅游学院和各类基金会，直接从事农村"客房"销售工作的各种农村旅游机构；NGO主要从扶持贫困、残疾、病号农户角度提供资金支持以及协助政府完善基础设施建设；农民组织是乡村旅游开发的主体成员，参与乡村旅游开发的规划和重大问题的决策，具体涉及旅游管理、导游、饮食、住宿和环境保护等工作；高校对乡村旅游进行跟踪调查与研究，将最新的信息反馈给政府联合会，起到监督和调整发展方向的作用。

5.爱尔兰

爱尔兰的乡村旅游采用的是"政府＋农户＋协会＋专家＋高校"模

式。这种模式是建立在独具特色的欧式乡村旅游资源的基础上的，由国家或地方政府采用各种措施，给予乡村旅游开发积极的引导和支持，政府参与乡村旅游的规划、建设、经营、管理和推销等活动，为家庭旅游业提供资金使其配备足够的设施；专家、高校或协会对乡村妇女进行家庭管理培训。这种旅游开发模式扶贫效果较为明显，农民自觉性较高，参与面相对较广，未来持续发展的可能性较高。但是这种模式对政府的整体规划、融资能力、协调能力、指导培训、引导监督等方面有较高的要求。

6. 新西兰

新西兰的乡村花园旅游采用的是专业农户与游客互动的模式。新西兰的花园中只有52%对旅游者收取门票，且门票仅两三美元。花园的主人是50～70岁的老年妇女，一般都受过一定的教育，其中一些有专业资格证书。参观的客人也主要是50～70岁的妇女，这些人中最多的是家庭主妇和退休人员，其中80%以上是园艺热衷者。她们参观的主要动机是爱好，其次是向他人学习花园的创意构思和布局。这种模式开发投入相对较低，能解决当地农村老年人的就业问题，改善农村的精神面貌，对一些离城市较近、基础设施建设和气候条件相对较好的村庄尤其适用，但该模式对场地条件及农户的专业能力要求相对较高，适应面较窄。

综上所述，由于不同的经济基础和社会环境，各国的乡村旅游扶贫模式也各具特色，但都是以当地村民的利益为出发点，在不同主体的领导下进行可持续与长远的开发。

（二）我国乡村旅游扶贫模式类型

我国有关旅游扶贫的研究始于20世纪80年代，经历了起步阶段、初步发展阶段与迅速发展阶段，对乡村旅游扶贫模式的研究取得了一定成果。根据不同的划分标准，我国乡村旅游扶贫模式可以划分为不同的类型。

1. 根据主导主体划分

按照乡村旅游扶贫主体的不同，乡村旅游扶贫模式可以分为政府主导型旅游扶贫模式、国际援助型旅游扶贫模式、社区参与型旅游扶贫模式、景区带动型旅游扶贫模式等。

（1）政府主导型旅游扶贫模式。政府主导型旅游扶贫模式是指由政府出面对各项旅游资源进行组织、协调及管理，通过制定产业政策、规划发展战略等方式进行参与的模式。依据政府参与的程度，又可以划分为政府完全主导型与政府有限主导型。在政府主导型开发模式中，政府的主要作用表现在两个方面：一是引导，主要是加大政策的引导力度，包括引入土地、金融、财政等方面的便利政策，减少审批阻力，积极引导旅游开发的方向，并鼓励更多的社会资本参与其中；二是支持，主要体现在对配套设施与其他硬件设施的支持方面。政府采取一定的"输血式"协助，通过加大开发区域的基础设施建设力度（如交通、通信、服务业的建设），来消除旅游发展的硬件障碍。

（2）国际援助型旅游扶贫模式。国际援助型旅游扶贫模式是指由国外政府提供技术、资金以及培训等旅游外援项目，由两方政府合作共同进行的旅游扶贫模式。这种类型的旅游扶贫模式也需要政府的参与来推进合作项目的顺利进行。

（3）社区参与型旅游扶贫模式。社区参与型旅游扶贫模式是指贫困社区化被动为主动的旅游扶贫模式，实现了由"输血"到"造血"的转换。这种模式把与社区相关的利益相关者，如政府、行业协会、投资商、非政府组织等紧密联系起来，有利于提高扶贫效果。社区居民是整个活动的受益者，社区参与主要体现在参与旅游发展规划与决策过程、参与旅游发展的经营与利益分配过程、参与当地生态环境保护以及教育培训等方面，有利于保障当地居民的利益，通过旅游乘数效应拉动整体经济的发展。

（4）景区带动型旅游扶贫模式。景区带动型旅游扶贫模式是指以目前已有的成熟景区为依托，利用其品牌效应拉动周边贫困区发展的模式。通过合理规划设计，这种模式可以延长游客的旅游线路、增加游览内容、提高可玩性，同时实现景区和贫困地区的协同发展。总而言之，这种模式通过时间上和空间上的延伸，可以扩展旅游服务链和旅游产业链，实现区域旅游资源的综合开发。

在不同的模式中，参与主体在参与程度与参与效度方面存在一定的差别，虽然不同的参与主体都为当地提供了就业机会，也提供了大量的基础设施，但由于其代表的利益群体不同，其特点也不同。

政府主导型旅游扶贫模式的控制强度最大，具有其他主体无法比拟的优势。但由于政府地位的特殊性，该模式在实施过程中会存在权力寻租等损害当地其他利益相关者和过分重视经济利益而忽略社会与环境利益的行为。国际援助型旅游扶贫模式可以利用国际先进的理念和外部资金进行旅游开发，在开发过程中，比较重视对生态环境的保护，并能较好地保护当地居民的个体利益。但是，在实施过程中一定程度上忽视了经济性。社区参与型旅游扶贫模式的核心是保障当地居民的利益，它从社区的角度考虑旅游业的发展，促使社区居民作为主体参与社区旅游发展计划制订、项目实施以及其他各类事务与公益活动中，从而为当地居民提供更多的就业机会，使贫困社区居民在共同承担旅游扶贫的风险和责任的同时，能够公平地分享旅游业发展带来的经济、政治、社会、环境等各方面的利益，从而实现消除贫困、促进贫困地区经济可持续发展的目的。但是这种模式也存在一定的弊端，具体体现在社区居民的参与程度方面，大部分的社区采用了较为低级的劳动力参与方式，对旅游发展项目、计划等缺乏深入的了解，最重要的是缺乏专门的引导与监督机构以保障旅游扶贫目的的实现。景区带动型旅游扶贫模式依托存量景区提升和增量景区打造，促进景区周边贫困村交通设施优化和生活环境改善，以开展民居食宿接待、景区务工、配套供应农牧产品和旅游商品销售等方式实现脱贫。这种模式在解决当地居民就业方面存在一定的局限性，并会提高当地的物价水平，不利于当地经济的发展与社会的稳定。

2. 根据开发对象划分

按照开发对象的不同，我国乡村旅游扶贫模式可以分为原生态开发模式、特色文化开发模式、生态农业开发模式。

（1）原生态开发模式。原生态开发模式是以可持续发展理念为指导，对生态资源相对丰富的贫困地区进行旅游资源的开发，使整个贫困地区的人们参与进来，帮助当地人们摆脱思想与经济上的双重脱贫。这种模式主要针对受到生态环境因素、地理因素、文化价值因素、社会因素影响和制约的文化资源，这类文化资源的旅游开发必须保持原有的生态模式。

（2）特色文化开发模式。特色文化开发模式是以区域内独特的民族文化、民俗风情、宗教文化、红色文化等资源为依托，开发独具特色的旅游产品，以此发展旅游产业，进而带动当地居民增收的模式。由于自然、历史等方面的原因，贫困地区的人们长期处于封闭的自然经济环境中，大多保留了原始古朴的民俗、宗教文化，以此为依托开发的旅游产品往往具有一定的竞争性。

（3）生态农业开发模式。生态农业开发模式是在农业生产的大前提下，利用农业本身及农村景观进行农业旅游项目的打造，实现农业与旅游的有效对接的模式。生态农业开发模式突出了生态环境和民族文化的保护，在旅游项目的设置和旅游产品的开发上强调资源和旅游产品的原生态。由此可推出一系列生态旅游项目，如森林生态旅游、生态探险旅游、生态科研旅游、生态农业旅游、生态度假旅游、生态保健旅游和一般性的生态观光游览等。

3. 其他乡村旅游扶贫模式

除了以上两种划分方式外，还有其他划分方式，如基于不同原因形成的乡村旅游扶贫模式。下面重点介绍旅游精准扶贫模式、国家集中连片特困地区旅游扶贫开发模式、网络复合治理模式等模式。

（1）旅游精准扶贫模式。旅游精准扶贫模式是近几年提出的旅游扶贫模式，它是指在具有旅游业发展潜力的贫困地区，根据不同贫困区域的环境，不同农户家庭的实际情况，运用科学有效的措施对扶贫对象进行精确帮助和管理，使贫困地区人们的生产生活条件得到改善，自我发展能力进一步提高，进而逐渐摆脱贫困的模式。旅游精准扶贫重在"精准"，是指向性、目标性明确的扶贫，而且将被动发展转变为主动发展，使扶贫内容更加细化，扶贫工作更加到位。这一类型的扶贫模式具有针对性强与效果直接两个优势，但在如何进行扶贫识别、扶贫管理方面还存在操作能力弱与方式、方法欠缺的劣势。

（2）国家集中连片特困地区旅游扶贫开发模式。国家集中连片特困地区旅游扶贫开发模式是以对常规扶贫手段和经济办法都难以起效的连片特困区域的旅游资源为开发对象，把旅游发展和扶贫工作结合起来，通过旅游业的发展带动贫困地区的经济发展，增加贫困地区人口的经济收入，促进贫困农户逐步脱贫致富的模式。具体手段有政府主导、依托资源、社区参与、企业带动、对口互助等类型。这种模式在实践过程中主要面临着专业人才匮乏的困境。换言之，国家集中连片特困地区旅游扶贫开发最稀缺的是人才，而不是资金、技术等。目前，在很多村庄，其旅游企业的管理人员大多数都是当地有影响力的村民或村干部，服务人员也大多数是当地缺乏专业知识的贫困农，这在一定程度上制约了旅游发展的管理和服务水平。同时，由于乡村旅游业目前仍处于摸索阶段，较多旅游产品开发力度不足、结构单一，其对游客的吸引程度较低，往往后劲不足，其商业价值亟待提升。

（3）"互联网+精准扶贫"。"互联网+精准扶贫"是一种新型治贫模式，是指将互联网的创新成果深度融入到扶贫工作的各个环节，充分发挥互联网在扶贫资源配置中的优化和集成作用，从而提升扶贫的创新力，从而更好地达到精准扶贫效果的模式。如今，"互联网+精准扶贫"模式已成为一项重要的战略引擎，不仅能够降低扶贫成本，而且能够充分利用当地特色资源，为当地农户增收创收提供有效途径。"互联网+精准扶贫"过程中主要存在以下问题：①现有农村快递等物流信息不健全，营运成本高；②电商人才缺乏，虽然各级政府都成立了相关扶贫工作组并配备了专职工作人员，但这些人员不是具有互联网扶贫相关知识的人才，加上贫困群众本身对网络不熟悉，想学习又得不到专业的指导，脱贫成效不明显；③信息化建设滞后，广大农村地区，特别是贫困地区信息化基础建设差，实用信息少，严重阻碍了农村电商的发展。

二、乡村旅游扶贫的实现路径

乡村旅游扶贫已经被证明是一种有效的脱贫手段，并以受益广泛、带动性强、关联性高以及可持续发展受到越来越多的关注。作为一种主要的产业扶贫形式，乡村旅游扶贫无论是在解决就业还是在进行地区产业模式的调整方面都具有不可替代的作用。乡村旅游扶贫不仅可以解决经济问题，还可以改善当地人口的工作和生活状况。众所周知，不同的贫困地区在资源禀赋、开发条件与政策背景等方面都存在差异，如何利用科学的方法有效地进行扶贫项目选择、旅游战略选择以及整体的帮扶管理是整个乡村旅游扶贫实现的核心问题。

（一）乡村旅游扶贫项目的选择

1. 乡村旅游扶贫项目选择的可行性分析

乡村旅游扶贫项目的选择是整个旅游扶贫项目能否实现的关键，主要内容涉及选择范围合适、结构合理的贫困地区，并根据其资源情况进行方向的选择。这既是有效开展扶贫工作的前提，也是提高旅游扶贫效率的需要。

乡村旅游扶贫项目选择的可行性分析主要包括旅游资源分析、贫困人口受益分析、政策可行性分析与市场效益分析等方面。

在旅游资源分析中，资源禀赋分析是重点，无论是人文旅游资源还是自然旅游资源，其禀赋决定了该地区未来旅游的开发潜力。除此之外，旅游资源还应考虑周边区域的可利用性，以最大限度地利用大环境进行项目开发。贫困人口受益分析要考虑项目开发对产业链的带动作用与劳动力问题的解决情况，评估所涉及的贫困地区的实际受益情况。政策性可行性分析主要考虑乡村旅游地所处的政策性大环境，包括政府财政支持、政府开发政策以及政府的贫困扶持政策等。市场效益分析主要考虑开发对象的市场化可能性与开发效益，未来的收益与开发成本，开发商的项目开发收益等。

进行旅游扶贫项目选择的可行性分析，目的在于对项目进行前期的评估，这是旅游扶贫不可缺少的环节。旅游扶贫在经济目的、社会目的与环境目的方面具有自己的特殊性，进行针对性地筛选可以从开发伊始就将开发对象的利益考虑进去，并且在资源方面，通过可行性分析，避免出现产品雷同与市场脱节的情况。

2. 乡村旅游扶贫项目的选择

乡村旅游扶贫项目的选择通常要考虑贫困地区的旅游资源和人口两个方面的因素。

乡村旅游扶贫项目的开发会涉及贫困地区的旅游资源与其他相关社会资源的整合与开发。旅游项目开发要具备一定的科学性与高效性，一定要注重规划。因此，地方政府在选择旅游业作为扶贫项目时，应邀请旅游界专家学者对本地区包括人文底蕴、历史传说、文保单位等在内的旅游资源开展一次普查，再结合国内旅游资源相似地方的旅游业发展现状，做一次旅游市场论证研讨，以确定选择旅游产业扶贫是否是本地区脱贫的长久之计。

总的来说，要选择资源禀赋和周边交通等基础设施条件相对比较好、旅游潜力大的乡村，充分发挥当地的旅游竞争优势。在具体目标的选择过程中，主要参考以下几个因素，第一，选择村干部力量较强、有创业致富带头人的贫困村；第二，把景区成熟和旅游线路集中且能与现有旅游资源和市场资源连成一体的贫困地区作为优先选择目标；第三，综合考虑中央及地方政府编制的旅游扶贫规划，选择可行的乡村旅游扶贫项目。

（二）乡村旅游扶贫战略的制定

要实现乡村旅游扶贫需要制定适宜的战略，包括乡村旅游模式的选择与开发过程中的实施手段与方法。通过相应的手段，对旅游扶贫提供策略与计划的支持，多快好省地拉动旅游业的发展，吸引更多的旅游消费者，改善当地的产业结构，最终实现环境效益、社会效益与经济效益的提升。

目前，有关乡村旅游扶贫的战略主要有两种，一种是有利于贫困人口发展的旅游PPT（Pro-Poor Tourism）战略，一种是可持续旅游与消除贫困的ST-EP（Sustainable Tourism as An Effective Tool for Eliminating Poverty）战略。

　　PPT战略最早由英国国际发展局资助的贫困人口旅游发展合作组织（Pro-Poor Tourism Partnership）提出，是以贫困地区特有的旅游资源为基础，以市场为导向，在政府和社会力量的扶持下，通过发展旅游业，使贫困地区的经济走上可持续发展的良性发展道路，实现贫困人口脱贫致富的宏观发展计划和措施。对贫困地区而言，PPT战略真正体现出以贫困人口经济利益最大化为本的发展理念，同时PPT战略在促进贫困地区脱贫的同时，积极保护自然文化资源和生态环境，以实现贫困地区旅游业的可持续发展。PPT战略首次将反贫困问题和旅游结合起来，并考虑到当地参与度与经济发展的问题，具有一定的创新性。但近年来，随着ST-EP战略的提出，PPT战略正慢慢被替代。ST-EP战略明确地提出有计划地加强旅游在提高生活水平标准方面的能力以及为了提高生活水平标准而应加强旅游发展，同时指出可持续旅游将是消除贫困的强有力的工具。

　　总而言之，ST-EP战略在PPT战略基础上进一步强调旅游发展的可持续性，是对可持续旅游和PPT战略的进一步深化和丰富。在战略开发过程中，PPT战略更多依赖的是政府，而ST-EP战略则将重点放在合作上。例如，从实施情况来看，ST-EP战略的主要措施包括：成立基金会、组建研究组织、形成操作框架、召开年度研讨会等。目前，很多国际发展机构，如亚洲发展银行、世界旅游组织以及世界银行等，都逐步参与到旅游扶贫项目中，从资金、技术、管理方面提供相应的支持。

（三）乡村旅游扶贫的过程管理

　　想要实现乡村旅游扶贫的最终目标并完善整体实现路径，除了要注重前期的旅游扶贫项目的选择与战略的制定之外，还要注重实施过程中的过程管理工作，有效地执行是整个旅游扶贫活动顺利进行的重要保障。乡村旅游扶贫工作的具体实施过程，要重视政府职能的有效发挥、提高居民的参与程度以及对社会资本的有效利用。

1. 重视政府职能的有效发挥

政府职能的有效发挥是乡村旅游扶贫工作顺利进行的宏观保证。在整个扶贫项目的实施过程中，政府应当对自身进行精确定位，为项目的开展提供政策支持，有效做好扶贫项目的申报、审核、验收三个环节的工作，同时营造良好的投资环境，完善相应的法律和制度，充分利用各项资源，促成整个贫困地区的脱贫。在投资环境方面，政府要做好投资主体的管理工作，从财政、税收、金融等方面入手，给予相应的财政支持与税收优惠。另外，还应当重视招商投资平台的打造，善于利用社会上其他资金与技术，从而不断为扶贫旅游的发展提供宏观政策上的帮助。

2. 提高居民的参与程度

居民的高参与度是实现乡村旅游扶贫的重要保障。居民参与主要体现在提供社区服务与改善社区环境方面，主要包括参与当地旅游发展的决策制定、参与企业的经营方式选择、参与社区的可持续性建设以及参与主体的利益分配工作。要提高社区居民的参与程度，可以从以下两个方面着手：首先，营造公平有效的环境，如在整体自治体系中，政府应做好放权工作，完善基层的民主自治制度，让地方可以有力地给予社区参与以体系支持；其次，完善民间组织，旅游扶贫的最终目标是要实现贫困地区与贫困户摆脱贫困，实现最终参与公平与分配公平，完善的民间组织是主要保障。

3. 有效利用社会资本

社会资本的有效利用是实现乡村旅游扶贫的主要条件。在具体的工作中要避免直接引入外来社会资本，而应注重社会资本与地方资本的联合，关注扶贫地区的适应性，避免出现投资浪费的现象。具体来说，引导和支持社会资本开发农民参与度高、受益面广的休闲旅游项目；强化规划引导，采取以奖代补、先建后补、财政贴息、设立产业投资基金等方式促进休闲农业与乡村旅游业的发展，多渠道筹集建设资金，着力加强旅游发展区域的公共基础服务设施建设；杜绝为政绩引资，而把贫困地区旅游资源廉价租赁、转让给开发商的旅游扶贫开发行为。

在引入社会资本的过程中，政府要考虑让渡合理利润给社会资本，提高其参与积极性。合作过程中要加强政策调研，保证各种优惠措施真正落地，并提高政策的针对性和可操作性；要坚持合作方间的平等关系，减少不应由社会资本承担的不确定性风险。与社会资本沟通中，相关部门要尽量充分告知乡村旅游行业发展的特点和痛点，让其在充分了解和准备后再参与，防止出现烂尾事件。与旅游规划机构、环境保护机构、科研院所、行业协会等专业机构进行市场化合作的平台搭建，扩充社会资本参与渠道，做长产业链，扩大产业面。在参与主体方面，需要政府与各参与主体之间建立一定的信任，认可各主体存在的合法性；在参与保障和合作方式方面，要给予社会资本更多的话语权，从资金与技术方面给予其多重支持，使社会资本作为利益共同体参与旅游扶贫项目中。

（四）乡村旅游扶贫产业链的开发

1. 乡村旅游扶贫产业链概述

产业链是社会分工的有序绞合。抽象地看，产业链有"链条"和"连接"的意思，是一条虚拟的链条，在这个链条上存在多个以生产部门、企业或者产业为单位的点，点与点之间存在着多种对应关系，既有"一对一""一对多"，也有"多对一"。对于产业链的一个通俗解释是相关企业或生产部门根据生产流程所组成的一个线性或网络性组织[①]，是从最初的自然资源到最终消费产品的生产链条，强调以产品生产为核心。卜庆军等认为，产业链是由某一主导企业倡导的通过某种契约达成的能满足最终顾客需求的相互有机融合的企业共生体，它是由供应商链、企业价值链、渠道链和买方链构成的企业共生价值系统。[②]邓小梅等认为，产业链是一个包含企业链、价值链、供需链和空间链四位一体的

---

① 刘贵富. 产业链的基本内涵研究 [J]. 工业技术经济，2007，26（8）：92-96.

② 卜庆军，古赞歌，孙春晓. 基于企业核心竞争力的产业链整合模式研究 [J]. 企业经济，2006，000（002）：59-61.

综合系统，是价值的共同体，其稳定发展离不开各个价值部门的协调与合作①。产业链的价值主要来自内部产业链的链接与外部产业链的延伸。内部产业链主要从生产、财务与人事等部门进行链接，外部产业链主要从产业上下游企业进行拓展，通过多部门的整合与协同，从微观与宏观方面促进产业的价值提升。

基于产业链的特征、扶贫旅游的本质需求，扶贫旅游产业链就是以扶贫为目的，以满足旅游者吃、喝、住、行、玩等一系列需求为核心，以具有较强竞争力的扶贫旅游企业为核心而联系在一起的各大企业与行业为依托的产业链。扶贫旅游产业链主要包括旅游资源规划开发、旅游产品生产、旅游产品销售与旅游产品消费四个阶段。

乡村扶贫旅游产业链是基于旅游产业链与扶贫旅游需求形成的特殊产业链，与一般旅游产业链有所不同。扶贫旅游产业链除了具有一般旅游产业链部门关联性、空间概念性等特性之外，还具备其他特征：既要注重产业链的经济效益，又要注重贫困问题的解决与生态环境的保护。为了达到预期的扶贫目的，扶贫旅游产业链更为注重价值链的延伸，更注重本地贫困人口的分配，更加注重向当地贫困人口分享旅游收益。

2. 乡村旅游扶贫产业链的开发模式

除了进行价值的创造与增值，产业链最终的目的是通过产业的整合与拓展，不断提高产业链各行业之间的协同合作，增加整个产业链的效率。扶贫旅游产业链也具有相应的开发模式，根据产业链上企业拓展方式的不同，乡村旅游扶贫产业链的开发模式可以分为纵向拓展、横向拓展与外延拓展三种。

（1）纵向拓展模式

纵向拓展模式主要是从旅游产业的上游企业和下游企业入手进行产业链的拓展。纵向拓展模式的目的是通过增加上下游产业链的长度，使旅游业资源整合能力与节约成本能力不断得到增强。

---

① 邓小梅，曾亮，肖红磊. 我国扶贫旅游产业链优化研究 [J]. 世界地理研究，2015，24（3）：167-175.

扶贫旅游产业链的纵向拓展与其他旅游产业链的纵向拓展有一定的区别，前者更加注重当地经济的扶持与拉动。在产业链的拓展过程中，要明确开发是以当地经济的振兴、当地贫困人口的脱贫为目标，在兼顾旅游经济效益的同时，也要注重扶贫旅游产业链各个节点企业的利益分配问题，尽可能使开发留在当地。通过前向一体化，增加当地特色产品的比重，尤其是当地居民生产制作的产品的比重，这样既可以增加旅游产品的特色，也解决了当地经济融合的问题；通过后向一体化，解决目前扶贫旅游产业链缺失的内容，弥补市场需求的不足，通过整合现有资源，减少交易成本，提升整个旅游地居民的就业素质与收入。

　　（2）横向拓展模式

　　横向拓展是指通过并购、兼并与合作的方式，对其他企业进行合并、利用，从而建立有效的产业集聚体。扶贫旅游近几年的开发以观光旅游为主，其开发深度与经济拉动性都较弱，无论是旅游吸引物的单一性还是旅游核心企业之间的合作都比较薄弱，缺乏内部的完整性与竞争力。而通过横向拓展，可有效解决这一问题。

　　（3）外延拓展模式

　　旅游产业链的拓展不应仅仅局限在内部领域，外部拓展也同样重要。旅游扶贫发展到一定阶段，与其他产业和其他地区之间必然会存在一定的合作关系，此时可以从产业链的各个阶段注重其他产业的融入，如前期的开发策划与融资管理需要财税以及其他金融机构的进入，中期产业链运营中对农业、工业、生态甚至体育的融入，后期基于大数据的整体分析、运营策略等。通过这些跨行业、跨地区的合作，可充分提升自身实力，并利用这种外部延伸拓展提升贫困地人员的就业素质与贫困户的收入，最终达到多赢的目的。

　　拓展产业链，增强竞争优势，已经成为扶贫旅游的重要组成部分。未来的乡村旅游扶贫产业的发展不仅要拓展内部产业链，而且要拓展外部产业链，只有不断地打造并且优化产业链，促成整体的协同竞争，才有可能在未来的竞争中拥有更强大的竞争力。

第三节　乡村旅游的帮扶效应与可持续发展

一、乡村旅游扶贫效应概述

（一）乡村旅游扶贫效应的概念

旅游效应（Tourist Impact）又称为旅游影响，是指由于旅游活动（含旅游者活动和旅游产业活动）所引发的经济、社会、文化和环境等种种影响的总和，其中引发的影响既可以是正面的、积极的，也可以是负面的、消极的。也有学者指出，旅游效应是指因旅游业的发展给社会的经济发展，特别是给当地经济方针的实施带来的发展效应。随着我国旅游发展进入大众旅游时代，其在国民经济产业结构中的地位也越来越重要，涉及面也越来越广泛，包括餐饮、住宿、交通、商业等方方面面，旅游效应也展现出了丰富性、整体性、复杂性、可变性、可调适性、滞后性、延续性等特征。

在参考旅游效应这一概念的基础上，乡村旅游扶贫效应的定义可以表述为，由于乡村旅游扶贫的发展所引发的经济、社会、文化和环境等各种影响的总和。在乡村地区开展旅游活动、发展旅游产业具有重要的作用和意义。与传统的财政扶贫、信贷扶贫、民政救济和物资捐助等"输血"式扶贫方式相比，旅游扶贫是一种"造血"式扶贫，可以帮助贫困村民由脱贫直接跃升到致富。乡村旅游扶贫是一种通过对当地的特色旅游资源的开发，打造特色旅游产品，构建旅游产业链，带动当地贫困人口就地参与旅游经营服务，最终实现脱贫目标的开发式、产业化的扶贫方式，因而具有明显的培育优势产业、增强发展能力的造血功能。基于此，旅游扶贫效应具有广泛受益的特点，与其他产业相比，旅游具有就业容量大、门槛较低、层次多、方式灵活以及人民群众参与面广、受益面大的特点，能充分调动人民群众的积极性和巨大潜能，实现"富民富财政"的目标。

（二）如何看待乡村旅游扶贫效应

印度著名经济学家、1998年诺贝尔经济学奖获得者阿马蒂亚·库马尔·森（Amartya Kumar Sen）多年来一直致力于对发展中国家的经济政策、发展路径，消除饥饿、贫困和不平等，增进社会福利等问题的研究。在《贫困与饥荒：论权利与剥夺》一书中，阿马蒂亚·库马尔·森认为贫困不仅是贫困人口收入低的问题，还意味着贫困人口缺少获取和享有正常生活的能力，或者说贫困的真正含义是贫困人口创造收入能力和机会的贫困。贫困人口陷入贫困虽然表现为收入低这一现象，但是其根本性的原因是他们获取收入的能力受到剥夺以及机会的丧失，贫困人口的低收入只是导致他们获取收入能力丧失的一个重要因素，但并不是全部因素。疾病、人力资本的不足、社会保障系统的软弱无力、社会歧视等都是造成贫困者收入能力低下的不可忽视的因素。

从阿马蒂亚·库马尔·森的理论可知，造成贫困的主要原因是权利的丧失。阿马蒂亚·库马尔·森的"权利"概念与政治学、社会学上的意义有所不同，主要包括以下方面：以贸易为基础的权利、以生产为基础的权利、自己劳动的权利以及继承和转移权利。乡村旅游扶贫的主要目的不仅在于解决贫困人口的温饱问题，而且在于为乡村的贫困人口提供受教育和求发展的机会，提高其思想文化素质，为其提供改善生活条件的可能。只有通过提高贫困者自身的能力、素质，引导其抓住就业、创业的机会，才能真正帮助其实现致富，实现乡村旅游的扶贫效应。据相关资料显示，旅游是当今全球发展的动力之一，可以帮助全世界3/4生活在农村地区的极度贫困人口更好地摆脱贫困。乡村旅游扶贫开发的优势在于能够通过旅游发展带动区域经济的发展，增加贫困地区国民生产总值、财政收入，提高乡村贫困人口的收入水平、增加就业机会，全面改变乡村区域落后的经济、文化、精神面貌。

（三）乡村旅游扶贫效应的重要理论

1. 旅游经济效应理论

旅游对旅游目的地、旅游客源地及其他相关区域都会产生经济上的影响。一般旅游经济效应是指对旅游目的地的经济所产生的效应，包括积极效应和消极效应两个方面。其中积极效应主要包括：通过旅游的发展，为企业、政府、当地居民带来的经济收入，促进国内生产总值的增长，优化当地的产业结构、丰富产业要素，扩大就业机会，带动服务贸易，改善当地居民的生活水平。在带来可观经济效益的同时，旅游发展也带来了一定的消极影响，主要包括：大量外地游客的到来引起物价上涨；当地产业结构过分依赖旅游产业，对其他产业的发展和产业总体结构带来不利影响；可能导致盲目投资、重复建设；等等。

在各类旅游经济效应中，乘数效应起着较强的作用。乘数效应是一系列连锁反应的集合，即由最初的一项投资引发后续的一系列投资的连锁反应，其中乘数效应的中心点被称为"增长极"。我国旅游产业作为重要的第三产业和服务业，具有强大的乘数效应，对相关产业具有较强的影响力，对贫困居民收入水平的提高有良好的影响和重要的意义。

2. 社区参与理论

社区是指聚居在一定社会空间的人，以一定的社会关系为基础，组成的社会生活的共同体。社区的概念最早出现在19世纪的德国，20世纪20年代，费孝通将社区的概念引入中国。我国学者普遍认为，社区具有社会互动、地理区域、共同关系这三个特征。在旅游发展研究的过程中，社区被定义为，共同依托同一项旅游资源开展旅游活动，住所地理位置相近，有着共同利益的群体，他们共同承受着旅游活动带来的生态环境、社会文化的影响。

所谓的社区参与，是一种当地居民积极参与旅游发展的行为过程，当地居民为了保护自身在旅游发展中的利益，通过一系列正规和非正规的机制参与旅游决策。社区参与旅游发展时，社区居民面临当地政府、非政府组织、外部企业介入社区旅游发展的问题，应主动要求了解旅游发展计划、旅游发展规划、旅游项目设置等，通过主动参与、责任分担，进一步要求共享旅游发展成果。社区居民的广泛参与，对于提升旅游效益具有积极的影响，有利于实现社会效益、环境效益与经济效益的协调发展。

3.旅游辐射效应理论

辐射是一个物理学概念，是指由场源发出的电磁能量中一部分脱离场源向远处传播，而后不再返回场源的现象，能量以电磁波或粒子（如阿尔法粒子、贝塔粒子等）的形式向外扩散。辐射效应也可以称为扩散效应，表现为通过区域内经济、文化、产业的发展，逐步带动周边地区信息流、技术流、人才流和其他生产要素的溢出和流动的过程。旅游的辐射效应是指，在旅游目的地区域的发展过程中，通过其独特的、具有个性化的经营活动的发展，产生"磁场"，进而吸引更多游客来此参观、游览、消费，将旅游发展的经验、技术、信息等通过一定的方式向外传播，带动周边区域旅游产业的共同发展。

（四）乡村旅游扶贫的正面效应

1.带动乡村经济的发展

从实际发展的角度来看，乡村旅游扶贫最重要的目的就是促进乡村经济的发展。通过对乡村旅游资源的有效开发、利用，获得经济效益，促进贫困地区生产总值、财政税收的增加，促进乡村产业结构的优化，推动当地经济健康协调、可持续的发展。旅游是一个多部门综合性的复合经济产业，同时也是一个具有高附加值、强带动性的产业，能够通过提供食、住、行、游、购、娱等多种服务，带动乡村旅游服务业及相关行业的发展，起到"一业兴，百业旺"的带动作用，对地方经济的发展具有极强的推动作用。根据既往经验，一般情况下，旅游业的发展迅速拉开了旅游发展区域的经济与周边区域的经济的差异，旅游专业村的经济发展状况大大好于非专业村。

旅游业的发展对乡村产业结构的调整、优化、提升具有重要作用，体现在产业链变长方面。农民传统的劳作、耕作、经营方式已经不符合现代乡村产业经济的发展要求,为了实现村民在经营旅游业过程中的价值增值,必须将旅游产业与种植业、畜牧业结合起来,进一步形成农产品、畜产品、牧产品的深加工产业,打造"农业为畜牧业服务,直接为旅游业服务—农业、畜牧业为旅游业服务—旅游业带动第三产业和加工业发展—社会经济发展促进生态环境改善—优质的生态环境为农林畜牧业和旅游业发展创造良好条件"的良性发展互动趋势。旅游业的发展进一步带动了观光、娱乐、休闲、度假等业态的发展,进而促进了商业、贸易、餐饮业、住宿业、交通运输、邮电通信、旅游商品生产等产业的发展。

通过乡村旅游扶贫的发展有利于实施旅游带动发展战略,促进第一、第二、第三产业的协调发展,使原本地域偏僻、经济滞后的乡村地区由依靠传统农业向依靠现代化旅游农业转变,围绕旅游业的发展,打造现代生态农业基地、趣味农业园区、设施农业基地,形成农产品加工产业、旅游服务产业、观光农业产业等现代产业体系,助力贫困乡村村民致富。

2. 广泛提供就业机会

旅游产业是一个边缘性、集合性的复合产业,与其他众多产业都有较为普遍的联系,属于人力资源密集型产业,在发展中需要投入大量的人力资源。在乡村旅游扶贫发展的过程中,既需要第三产业专业的服务人才,也需要第一产业、第二产业的专业人才,同时也离不开高素质的管理型、综合型人才。乡村旅游扶贫的发展,有利于乡村剩余劳动力流向旅游产业,为当地贫困村民提供较多的就业机会,进而促进当地村民收入水平的提高和生活水平的改善。

根据世界旅游组织公布的资料,旅游业每增加一个直接就业人员,能为社会创造5~7个就业机会,具有极大的乘数效应。我国目前广大贫困地区由于产业结构单一,主要依赖农业种植、养殖,人均耕地面积较少,存在劳动力剩余和劳动力利用不足的现象,一些区域有"三个月忙,八个月闲,一个月过年"的说法,部分区域剩余劳动力占总劳动力的比例高达40%～50%。通过开展贫困地区的旅游扶贫工作，可以增加就业机会，促进农村劳动力向非农就业方向转移，减少村民对土地的依赖性，有利于土地利用向旅游发展利用的转型；有利于解决乡村剩余劳动力的问题，同时促进外出打工劳动力回流，有利于农村的长远、可持续发展。

3. 促进乡村的和谐发展

通过旅游业的发展，村民增加了经济收入，人均收入得以提高，生活质量得以改善，可以逐步实现"家家户户住楼房，小车大车运输忙"的富裕目标。与外出务工挣钱相比，乡村旅游扶贫让贫困村民不用背井离乡就可以发家致富，避免了土地闲置，产业失调，村内多为留守老人、儿童的社会问题，可以说是一种可以促进乡村社会和谐发展的扶贫方式。

在中国广大少数民族地区，乡村旅游扶贫也起到了极好的促进作用，既促进了少数民族独特文化的保护与传承，又促进了其与其他民族的融合发展。例如，新疆吐鲁番地区乡村旅游的发展，为当地发展带来了巨大的变化。过去少数民族人员学习汉语热情低，积极性差，推广双语学校艰难，通常是花费力气颇大，收获效果甚微。现在随着乡村旅游的发展，许多少数民族村民开始主动学习汉语，甚至学习外语，这反过来又促进当地旅游业的发展。

4. 促进农民观念的更新

乡村旅游业的发展促进了农民观念的更新。

第一，乡村旅游业的发展逐步打破了贫困地区信息封闭落后的困境，促进了贫困乡村与城镇之间信息、人才、商品、贸易、资源、资金等的流动，拓宽了贫困乡村居民的眼界，发展了当地村民的商品经济意识。

第二，乡村旅游业的发展逐步促进了当地村民环境保护意识、观念的提升与转变，退耕还林、退耕还草、保护环境已经成为许多村民的共识与自觉行动，并逐渐认识到环境保护对旅游发展的决定性作用。

第三，随着乡村旅游业的发展，村民对土地的依赖程度降低，摆脱了从前"靠山吃山，靠水吃水"的耕作思想，有了更多的主观能动性，主动利用土地资源、房屋资源及其他资源开展旅游经营活动，实现了土地利用的转型。

第四，乡村旅游业对服务人员的要求较高，这就要求当地村民通过购买相关书籍、学习普通话和英语、学习专业技能等不断提升自身的文化、服务等相关素质。

第五，旅游扶贫将外界的新思维和现代化的生活方式通过旅游渠道引入贫困乡村，逐步改善了乡村落后、封闭、保守的生活方式，如乡村厕所环境的优化和提升就是一种生活方式上的转变。

（五）乡村旅游扶贫的负面效应及应对措施

1. 乡村旅游扶贫的负面效应

（1）破坏乡村生态环境

乡村旅游扶贫产业的开发对象是乡村地区的旅游资源，开发的同时也对原有的生态环境造成了破坏，导致了自然资源耗损、环境退化和环境污染等问题，对乡村的生态系统产生了一定的冲击，乃至造成一定的负面环境影响。乡村旅游扶贫的资源开发对乡村生态环境的破坏与影响主要体现在以下几个方面。

一是生活污水增多。乡村旅游的开发，导致生活用水量和污水排出量增加，但是目前我国大多数乡村生活污水处理设施严重滞后，缺乏排污系统，这就导致生活污水会直接排入河道、池塘或湖泊，造成农村水体的严重污染。二是畜禽粪便污染。乡村旅游的发展使得饮食需求扩大，乡村养殖数量增大，但相应的设备、设施并未跟上，导致畜禽粪便不能及时处理，对大气、水体产生污染。三是生活垃圾和旅游活动垃圾污染。村民日常生活垃圾、为游客提供饮食服务产生的餐饮垃圾以及游客抛弃的大量不可降解的固体垃圾是此类垃圾的主要来源。贫困乡村由于交通、环卫等基础设施落后，垃圾处理能力有限，这一类垃圾污染影响了乡村环境，也给农田土壤带来了较严重的影响。四是旅游项目建设污染。在乡村旅游的开发和发展阶段，旅游项目建设带来的建筑垃圾、建筑废弃物、垃圾填埋不规范等对乡村的土壤、空气造成污染，一些旅游项目开发时对当地资源利用不当，造成资源不可再生的流失。除此之外，农作物剩余物污染、噪声污染、工农业生产活动等对乡村生态环境也造成了破坏。

（2）引发社会文化风险

一方面，乡村旅游扶贫开发，对当地经济发展、农民增收致富产生了积极的影响和作用；另一方面，却对当地带来了较多的社会文化风险，影响了旅游扶贫的效果。乡村旅游扶贫开发所引发的社会文化风险主要体现在以下两个方面。

第一，乡村旅游扶贫开发导致当地民俗文化面临危机。贫困乡村由于相对闭塞，当地的民俗文化保存较为完整，但是随着外界游客的涌入，在与外界密切频繁的交流中，当地民俗文化逐渐出现商品化的现象，如为吸引旅游者，将民俗文化设计成旅游商品，由机械化生产代替手工制作，商业包装过浓，许多非物质文化遗产面临失传的风险。此外，外界文化的涌入，带来了文化的融合，但贫困乡村在文化上处于弱势地位，外来文化占强势地位，导致穿着传统服饰、说本地本民族语言的人数比例逐步下降，当地文化丧失其个性特征。

第二，乡村旅游扶贫开发会引发众多不良的社会风气。乡村旅游的商业经营导致村民中出现了拉客抢客、哄抬物价、恶意宰客等现象。外来游客一些不文明、不正当的举止，会对当地青少年产生不良影响，使得他们产生不良的审美情趣、对物质生活产生不健康的追求，出现盲目攀比等心理，赌博、犯罪等不良社会风气也出现了一定程度的蔓延。

（3）增加乡村经济的风险性

乡村旅游的发展有可能导致当地经济发展对旅游产业过分依赖。如果当地政府过于强调旅游产业的作用，就会导致当地村民放弃对土地的耕种、经营，不再从事农业生产劳动，只从事旅游服务，使得乡村产业结构变得单一脆弱。旅游产业具有高度敏感性，受社会政治、气候气象、自然灾害、疾病等的影响较大，因乡村旅游产业发展导致的薄弱经济结构，极大地增加了乡村经济的风险性。

乡村旅游的发展会导致当地消费价格上涨。外来游客大多来自经济相对发达的地区，消费能力较强，他们在乡村旅游消费中会造成乡村物价上涨，导致当地村民购买能力下降。

乡村旅游扶贫开发有可能造成当地资金大量流入旅游行业，导致对其他产业的资金投入不足，抑制其他产业的发展。同时旅游发展具有一定的盲目性，可能会出现多个企业同时投资同一区域的多个贫困乡村的问题，这就会导致乡村旅游产业的盲目开发和重复建设，带来资源环境的浪费，造成区域旅游资源利用效率低的问题。

2. 负面效应的应对措施

乡村旅游发展带来的负面效应无法完全避免，但可通过相应的措施、手段进行规范、引导，减少其负面效应，促进乡村旅游扶贫的和谐发展。在应对负面效应时可以从以下几个方面入手。

（1）旅游扶贫，规划先行

实行政府主导，走"先规划，后开发"的发展道路，明确消除贫困的目标。具体来说，包括以下几项措施：编制相应的旅游扶贫规划、旅游发展规划、旅游环境保护规划等；充分考虑乡村的旅游环境承载力，对乡村旅游资源进行有效的保护和利用；有序开发，严格控制旅游开发中对环境造成的污染问题，积极引导旅游者、旅游经营者、当地村民参与到环境保护中来，尽可能保障乡村的生态平衡和自然环境。

（2）对旅游者和村民进行相关的宣传教育

对旅游者加强文明旅游、环保旅游、生态旅游的相关教育与宣传，使他们认识到保护传统文化、乡村文化和乡村旅游资源的必要性，进而降低城市文化对乡村文化的冲击。对村民进行宣传教育，提升其环境保护意识和能力，提升其对本土文化进行保护和传承的意识，避免旅游开发导致的失真和过度商业化现象，尽可能保护本土文化的原真性。

（3）对乡村旅游扶贫开发项目进行严格审核

在旅游项目启动之前，组织行业专家和相关领域专家对旅游项目进行认真的审核、考察，确认其是否符合当地实际情况，是否能促进当地文化的传承与保护，避免出现浪费资金、浪费土地、破坏乡村环境的现象。与此同时，对乡村现有的工业化、现代化设施进行合理包装，避免出现与乡土文化氛围不协调的情况；定期对乡村旅游从业者和旅游企业进行考核评定，综合确认其是否具备开发经营旅游项目的环境保护能力和文化保护能力。

（4）鼓励村民参与旅游经营，充分保证农民获得相应的经济利益

结合不同的人口特征、村民能力和素质特征，对当地村民进行培训、教育、扶持、引导。降低乡村旅游扶贫开发的经营门槛，使广大农民都能参与到旅游产业的经营中来。

（六）乡村旅游扶贫效应的分类

从宏观视角来看，乡村旅游扶贫效应主要包括经济减贫效应、社会减贫效应、生态减贫效应和文化减贫效应等。从宏观层次对旅游扶贫效应进行研究，能够通过对宏观的经济及其效应分析，阐述旅游产业的发展对乡村村民生活带来的影响。从微观视角来看，乡村旅游扶贫效应主要包括贫困人口收入增加效应、贫困人口社区参与、贫困人口权利认知效应和贫困人口的自我感知效应等，能够较为具体地了解旅游扶贫对村民带来的思想、生活上的具体改变，更好地说明乡村旅游扶贫为旅游产业发展带来的各种影响。

总的来说，通过对乡村旅游扶贫效应的分类、分析，有利于客观阐述乡村旅游扶贫效应的作用范围和实现程度，能更好地为乡村旅游扶贫的发展提供指导。

1.从宏观作用对象分类

（1）经济减贫效应

乡村旅游扶贫对当地经济发展的益处较多，一方面，是显性的经济效益，包括增加乡村的经济收入，促进乡村产业的多元化发展，提高当地村民的生活水平；另一方面，是隐性的经济效益，包括对当地产业结构的优化，对乡村第二产业、第三产业发展的带动等。通过乡村地区的

旅游消费，可以带动乡村地区其他产业的发展，带来税收的增加，促进乡村旅游基础设施的建设，保护当地的传统手工业。

（2）社会减贫效应

旅游扶贫的社会减贫效应体现在扩大就业，安置剩余劳动力，提高旅游地区的贫困人口素质，改变贫困地区的精神面貌，提升其文明程度，促进社会协调发展等方面。通过乡村旅游扶贫的开发，乡村的社会环境将在整体上得到优化，进一步推动乡村社会的现代化进程。一般贫困乡村都具有经济发展落后，与外部世界接触、沟通较少的问题，而乡村旅游扶贫的开发，可以使当地村民切实感受到旅游产业发展带来的经济效益，促进当地乡村社会氛围朝着积极的方向转变，促进当地村民更积极、主动地接受外部信息，认同并支持旅游产业的发展，进而通过旅游产业的发展，对当地的民风民俗、生活习惯和其他传统文化进行继承和发展，提高整体社会的发展水平。

（3）生态减贫效应

乡村旅游扶贫的生态减贫效应主要体现在对当地的人文环境和自然环境的保护上。旅游产业具有节能环保以及对生态环境的负面影响较小等优势，是能够在开发生态资源的同时又保护生态资源的发展模式。旅游资源的适度开发不仅能带动经济发展，还能增强人们对生态环境的重视度，从而使生态资源得以积极有效的长久保护。首先，发展乡村旅游必然要求对乡村的基础设施进行改进，对贫困地区的生活环境、卫生条件、绿化美化、通信设施、供水供电等进行综合的改善，如建设旅游厕所、大功率变电站、乡村垃圾处理站等设施。其次，发展乡村旅游可以促进乡村人文环境的优化，通过提高村民的文化素质和更新村民的观念，促进村民形成积极向上、团结互助的民风，提高乡村旅游从业人员的素质，优化乡村人文环境。最后，乡村旅游的发展离不开优良的自然环境，经济效益的增加将会促进当地政府和村民加大对环境保护的重视，通过优化、美化乡村环境，打造浓郁的乡村氛围。另外，在重视经济效应的同时，人们时刻不忘对环境效应的关注，避免出现局部区域环境遭到破坏的现象。

（4）文化减贫效应

贫困不仅表现为物质贫困和能力贫困，还表现为文化贫困和精神贫困。文化和精神上的富有，往往能弥补一个人物质和能力上的匮乏。

在快速的现代化进程中，很多贫困地区的民族文化已经日渐衰落，这就导致这些贫困地区陷入另一种贫困——文化贫困之中。而旅游扶贫的发展能为这些已经衰败的民族文化注入了活力。"文化在我们探寻如何理解它时随着消失，接着又会以我们从未想象过的方式重新出来了"①。一方面，市场极大地改变了人们的生活生产方式，而使民族传统文化走向衰落，"市场是对乡村文化影响最为显著的力量，对文化差异的拉平效应十分明显，市场所到之处，能迅速减少文化之间的差异性并形成价值的同化"②。但另一方面，也是更重要的一方面，市场又借旅游之手将民族文化复活了，凡是旅游业比较发达的民族地区，民族文化无不被重新挖掘出来。这种复活并非简单的复制重塑，而实质上是民族文化凭借市场的力量进行再生产。由此可见，旅游市场之于民族文化既相互冲突，又相互依托，民族文化便是在这种矛盾中完成自身的"再生产"。正是旅游与文化的唇齿相依，才让贫困地区的民族文化重获新生，在新的时代绽放出夺目的光彩。因此，在发展旅游扶贫的过程中，一定要处理好利用和保护的关系，努力做好民族文化、民间工艺等优秀传统文化的保护、开发和创造性传承工作。

2. 从微观作用对象分类

（1）贫困人口收入增加效应

在乡村旅游扶贫开发中，政府通过资金投入、法律法规与政策方针制定、旅游扶贫规划引导等形式参与旅游扶贫，并注重进行市场开发与营销，为贫困人口提供培训和受教育的机会，使其能在旅游领域获得发展，从而保证贫困人口的合法权益③；贫困人口在旅游扶贫中，既是旅游

① ［美］马歇尔·萨林斯. 甜蜜的悲哀［M］. 王铭铭，胡宗泽，译. 北京：生活·读书·新知三联书店，2002：67.

② 李佳. 乡土社会变局与乡村社会再生产［J］. 中国农村观察，2012（4）：70-91.

③ 李会琴，侯林春，杨树旺，等. 国外旅游扶贫研究进展［J］. 人文地理，2015（1）：7.

扶贫的对象又是扶贫的主体，是最有力的内源动力之一。贫困人口参与到旅游发展中来，为旅游业提供劳动与服务，以获得个人收入水平的提高与知识技能的提升，利用参与机会改变其贫穷的命运。虽然乡村旅游发展在贫困人口收入增加幅度方面存在时空差异，但不可否认，乡村旅游发展打破了贫困地区的封闭状态，促进了其与外界的交流与融合，促使贫困人口综合素质的提高。旅游的广泛参与性降低了贫困人口的发展成本①，带动了特色农家乐发展，促进了传统手工艺的传承与发展，完善了乡村土特产生产、加工、销售链条，推动了乡村旅游产业结构升级和贫困人口收入增加。

（2）贫困人口社区参与效应

社区参与是实现贫困人口脱贫的有效途径。相关研究表明，在贫困地区，旅游发展带动了相当多的贫困家庭参与到旅游相关产业中来，促进了贫困家庭年均收入大幅度提升。因此，提高贫困人口的参与度应当被放到乡村旅游扶贫的重要位置。贫困人口参与乡村旅游开发的形式、广度和深度将直接影响其获益程度。贫困人口在参与乡村旅游扶贫开发的过程中，相对处于弱势地位，在利益分配和决策权等问题上处于被动地位。同时，贫困人口之间存在的贫富差距，导致了旅游扶贫中出现一些获益不均的问题。贫困地区的村民在接待设施条件、家庭财力、服务质量、经营能力和经验等方面的不同，也会造成收入的差异。村民的受教育程度、文化素质也同样影响村民参与旅游开发的获益情况。总体来看，乡村旅游扶贫为村民带来了较大的获益，村民的满意度较高，但部分贫困人口由于参与旅游扶贫开发的程度较低，获益较少，这就进一步损害了其参与旅游开发的积极性，形成恶性循环。

相对来说，旅游产业发展较快的区域，贫困人口对旅游扶贫有良好的认识，能积极参与到旅游扶贫开发中去；但在旅游扶贫发展起步较晚的乡村，如边远山区等，居民虽然对旅游扶贫有较强烈的参与愿望，但

---

① 邓小艳.浅析西部民族地区选择旅游扶贫方式的理论支点[J].湖北经济学院学报，2006，3（1）：60-61.

由于资金缺乏、知识匮乏和其他因素，无法有效地参与到旅游扶贫中。在部分贫困乡村地区，还存在旅游扶贫效益好，但规模小、辐射范围有限的问题，表现为居民参与旅游产业活动的意识较弱，参与方式较为单一，多为开办农家乐。综合看来，在促进村民深入参与旅游扶贫从而获益的过程中，应强调参与能力的重要性。

（3）贫困人口权利认知效应

贫困不仅是贫困人口收入低的问题，还意味着贫困人口缺少获取和享有正常生活的能力，或者说是贫困人口缺少创造收入的能力和机会。贫困带来的不平等会进一步削弱贫困群体在社会中应享有的其他普遍化权利。因此，"扶贫"不仅包含经济意义上的脱贫致富，还应包含思想意识上的扶贫。

在实际的扶贫工作中，经济意义上的脱贫仍是学术界关注的重点，对贫困群体意识形态上的扶贫关注较少，特别是对贫困群体参与扶贫的权力认知的认识仍显不足，导致扶贫对象普遍对参与旅游扶贫的权力认知非常淡薄，这为贫困群体持续地参与旅游业的发展埋下了隐患。现实表明，只有通过合理设置和完善旅游的赋权机制、监督管理机制，才能保证乡村村民旅游权利得到保障。因此，如何引导权力使用者有效、规范地运用权力，实现科学的赋权与限权，并与其他利益相关者达成合作博弈，是我国扶贫过程中亟须解决的问题。

（4）贫困人口自我感知效应

贫困人口对旅游扶贫效果的自我感知是综合评判旅游扶贫效应的另一重要方面。因为贫困人口对旅游发展的态度和参与旅游扶贫开发的意向很大程度上是由村民的自我感知效应所决定的。影响村民对旅游扶贫感知的因素主要包括参与机会、参与能力、参与程度、环境改变程度、经济收益等几个方面。其中，当地村民参与旅游扶贫开发的机会多少和能力高低，基本决定了村民对旅游扶贫开发感知效应的好坏，贫困村民参与旅游扶贫机会较多、能力较强则自我感知效应良好，反之则自我感知较差。

贫困地区的村民往往对经济提高、社会进步、环境美化、就业机会增多等正面积极效应的自我感知度较高，对环境破坏、文化风险、经济风险等负面消极效应的自我感知度较低。政府和相关部门应该加强对村民对旅游开发的自我感知效应进行引导，使当地村民既不过高地评估旅游发展的经济、环境价值，也不忽视在旅游发展中潜在的风险、威胁和负面效益，从而在不断扩大乡村旅游扶贫收益面的同时，使贫困地区的村民对乡村旅游扶贫发展有更准确的认识和感知。

二、乡村旅游扶贫的可持续发展

（一）可持续发展的影响因素

乡村旅游扶贫的发展具有其特有的规律性，要想使乡村旅游扶贫实现可持续发展，必须加强对影响其可持续发展的因素进行研究，并加强对旅游产业与其他产业融合发展模式的研究，即不局限于"就旅游论旅游"的传统思路，而是注重产业的融合、耦合发展，将贫困地区的旅游产业打造成为当地的主导产业。

在具体实践中，可以借鉴可持续发展的三分量模型——"社会—经济—环境"模型，将乡村旅游扶贫可持续发展的影响因素分为社会因素、经济因素、环境因素三个方面，并以此为基础充分做好乡村旅游扶贫开发规划，这是维持乡村旅游扶贫可持续发展的潜力，是促进乡村和谐发展的基础。

另外，可以根据重要程度将乡村旅游扶贫可持续发展的影响因素分为核心因素和环境因素。核心因素是指与乡村旅游发展密切相关的自然资源和人文资源。其中，自然资源包括乡村的自然风光资源、农业资源；人文资源包括民俗文化类资源、乡村居民建筑类资源等。为保障乡村旅游扶贫开发的可持续性，必须对乡村旅游发展的自然资源和人文资源进行有序利用和有效管理，避免无序开发和滥用。环境因素是指与乡村旅游发展密切相关的大环境，主要指外部经济环境和社会环境。其中，外部经济环境尤其是外部经济的发展水平和速度决定了人们的消费水平，进而影响消费者的消费选择；社会环境决定了乡村旅游发展的软环境，如影响区域发展的相关政策、法律法规、制度、观念习俗和文化教育等外部人文环境，以及包括旅游公共服务、旅游产品服务、旅游信息系统、从业人员素质在内的当地服务环境，这些都对乡村旅游的进一步发展提供支撑。

综合来看，自然环境、人文环境、经济环境、社会环境四个因素紧密联系，相互作用，相互影响，共同影响着乡村旅游的可持续发展。在国内旅游市场竞争日益激烈的背景下，乡村旅游地应强化软环境建设，以获得持久的比较竞争优势，实现旅游业的可持续发展。

（二）可持续发展的措施与保障

乡村旅游扶贫是解决"三农"问题的重要途径之一。乡村旅游扶贫通过对当地经济、政治、文化等方面带来的正面效应，极大地促进了当地的健康、有序发展。随着近年来大众对可持续发展观念认识的不断深化，对旅游产业的可持续发展给予了越来越多的关注，可以说乡村旅游扶贫的可持续发展成为社会各界关注的焦点。就贫困乡村而言，当地旅游扶贫的可持续性发展受诸多因素的影响和限制，在实施相关措施保障当地旅游扶贫的可持续性发展时，应注重措施的整体性和发展性。由于乡村旅游扶贫发展是一种政府引导下的、资源依赖型的旅游产业，政府的引导作用和对环境的保护十分关键。

1. 政府引导，规范发展

为了保障乡村旅游扶贫的可持续发展，政府的引导和规范的制定具有十分重要的作用。政府应把乡村旅游扶贫作为促进乡村发展的手段，为乡村旅游扶贫的发展提供良好的制度环境；结合我国农村现代化发展战略的部署，给予乡村旅游发展规划、资金、政策、基础设施建设和开发管理方面适度的干预和扶持；引导社会力量参与乡村旅游扶贫开发，采用市场调节的方式，鼓励村民成立相关的民间团体、协会等组织，以保障当地村民在旅游发展中的权益。

2. 保护环境，和谐发展

乡村旅游扶贫必须坚持可持续发展的原则，在注重经济效益的同时，兼顾生态、人文、社会发展等多方面的效益。在自然环境保护方面，政府要对乡村旅游扶贫的发展进行规范和干预，确保乡村旅游资源利用不超过当地生态环境成长量、农业生产承载量，协调好环境承载力与经济效益之间的关系，形成经济效益与生态效益互相促进的良性发展模式。另外，处理好旅游开发与耕地保护的关系，因地制宜地发展耕地占用面积小的休闲农业项目，尽可能使用荒山、荒坡、滩涂等不适宜粮食生产的土地来建设旅游项目，努力走出一条乡村旅游集约发展的扶贫道路。

3. 利用互联网，带动产业发展

乡村旅游扶贫应借力互联网，在乡村旅游发展取得一定成就后，进行乡村旅游电商村建设，建立乡村旅游线上线下互动的O2O经营模式、促销模式，带动乡村农户通过互联网销售农产品，利用"互联网+"思维延伸旅游产业链，带动乡村贫困村民致富。通过信息化的手段，加快智慧旅游向乡村发展的步伐，逐步将乡村田舍变成旅游景区，为乡村旅游者提供更为便利的服务。

对于贫困地区而言，"互联网+"带来了信息流，有助于解决贫困人口的教育、医疗和经济发展问题。具体来讲，通过网络为边远地区村民提供远程教育资源，包括中小学义务教育、职业教育等；通过网络为贫困乡村村民提供远程在线医疗，使贫困人口享受到远程疾病咨询、电子处方、网上药店等服务。在旅游扶贫开发方面，"互联网+"不仅可以介入旅游产品营销、社区就业培训、旅游安全监管和市场组织等方面，而且可为来访的旅游者提供信息服务。

此外，运用现代互联网技术可以加强乡村旅游的综合管理、宣传促销，整合乡村旅游资源，丰富乡村旅游产品，提高乡村旅游的服务水平和发展质量，推动乡村旅游的转型升级。

4. 创新机制，组织保障

目前，我国乡村贫困地区存在土地闲置较多而无人种植，土地资源浪费严重的现象。要想实现乡村旅游的可持续发展，需要将其从粗放型经营向规范化管理、标准化建设转变。在乡村旅游扶贫机制方面，乡村旅游经营企业和乡村旅游经营个人、农户应注重组织机制的创新，通过市场调节的方式，整合市场资本、优化资源配置。重点通过"公司+农户"的组织模式、"合作社+农户"的组织模式、"农家旅馆联合体"的经营模式等，打破传统的运作模式，不断规范、提高旅游商品、旅游服务的质量，加快资金流转的效率，打造统一的旅游品牌和良好的旅游形象，从而形成乡村旅游扶贫发展合力，为乡村旅游扶贫的可持续发展提供良好的组织机制。

5. 教育培训，提升素质

建立健全乡村旅游产业各类人才的教育培训体系。具体来讲，可联合当地有关高校旅游专业，为当地村民提供旅游管理和旅游服务培训；也可发挥远程培训的优势，利用现代信息化技术促进乡村旅游经营人才的培养。通过对旅游从业者的教育、培训，可不断提高其综合素质，使其成为具有专业旅游从业技能的新型农民。对那些开展旅游经营活动的村民，可提供相关职业技能、法律法规的培训，鼓励他们按照国家有关法律法规取得合法经营资格。在对村民进行相关培训时，注重激发村民的主动性、积极性和创造性，鼓励村民生产特色化旅游产品，如乡村农作物加工产品、手工艺品等。通过"扶智"进行"扶贫"工作的开展。

同时，通过培训提升村民的法律意识。一是解决乡村旅游扶贫过程中出现的旅游经营问题，创造良好的乡村旅游发展环境，保障旅游者在乡村旅游过程中的合法权益。二是提高当地贫困村民对维护自身权利、权益的认识，确保村民在乡村旅游发展中获利。

6. 农民主体，社会参与

在旅游开发过程中，注重保护当地村民的主体地位，尊重当地村民的发展意愿，保持传统的风俗习惯和生活环境，使当地居民在旅游发展中获益。对于乡村旅游扶贫而言，农民主体意味着让广大农民在旅游开发与发展中获得更大的主动权，解决农民收入低和就业困难的问题。社会参与意味着充分利用社会力量，改善当地的基础设施和景观风貌，培育特色产业，提高当地教育、商业、服务业的水平，全面激发旅游业的活力，为贫困地区带来根本性的改变。

通过乡村旅游扶贫的发展，拓展贫困地区村民参与社会经济发展的途径和方式，引导社会资金、人才向乡村旅游产业流动。在这一过程中，要不断探索适合当地乡村旅游发展的农民参与、社会参与机制，建立有效的区域旅游发展合作机制，规避可能出现的旅游风险，形成一个兼顾多方利益的合作共同体，保障乡村社区的经济、环境利益，促进乡村旅游扶贫的良好、可持续发展。

第四章 产业扶持的实现路径

第一节 产业扶持的相关理论

一、产业扶贫的定义

产业扶贫是我国在长期的扶贫开发实践中逐步形成的专项扶贫开发模式之一，也是我国扶贫开发最重要的手段之一。长期以来，中央就产业扶贫出台的文件很多，学术界对于产业扶贫的研究也很多，在不同的文件和研究中对于产业扶贫的定义也有不同。接下来，笔者试图对产业扶贫的定义进行一个简单的梳理，并明确其内涵和外延。

（一）产业扶贫的定义

有关产业扶贫，学者们从不同的角度给予了不同的定义和分析。黄承伟、覃志敏认为，产业扶贫是在我国扶贫开发新阶段实现农业现代化转型和提高扶贫对象自我发展能力这两项任务的重要手段，是市场经济发展及农村市场化的产物，是农业生产逐步专业化和在经济发展基础上形成的农产品销售市场不断扩大的过程。[①]徐翔、刘尔思认为，产业扶

[①] 黄承伟，覃志敏.贫困地区统筹城乡发展与产业化扶贫机制创新——基于重庆市农民创业园产业化扶贫案例的分析 [J].农业经济问题，2013，000（005）：51-55.

贫是以市场为导向，以经济效益为中心，以产业集聚为依托，以资源开发为基础，对贫困地区的经济实行区域化布局、工业化生产、一体化经营、专门化服务，形成一种利益共同体的经营机制，把贫困地区产业的产前、产中、产后各个环节统一为产业链体系，通过产业链建设来推动区域扶贫的方式。[①]唐建兵认为，产业扶贫是指立足于特定贫困地域的气候地貌、能源矿产、珍稀物种和习俗文化等各类优势资源要素，以市场为导向并借助资金帮扶、特殊政策等有利条件，通过殖产兴业、功能区集聚和产业链延伸等有效方式，将资源优势转化为产业优势，吸纳并带动困难群众就业增收的扶贫方式。他还指出，产业扶贫旨在将资源优势转化为产业优势，继而将产业优势转化为现实生产力，形成资源、资本和劳动力的高度融合，从而为贫困地区提供内生动力。[②]

对于产业扶贫在扶贫开发中的作用，多数学者也给予了肯定。白丽、赵邦宏认为，产业化扶贫可以极大地调动农户参与产业化经营的积极性，促进贫困地区增产增收，是一种行之有效的扶贫方式。他们还指出，产业扶贫首先要确立龙头企业带动型产业扶贫模式，然后企业通过组建园区加强对基地的控制，主动吸纳广大贫困农户参与产业化经营。[③]韩斌认为，产业扶贫形成了贫困家庭收入的主要来源，同时缓解了贫困地区脆弱生态环境面临的保护与发展的危机，有利于可持续发展。在产业扶贫中，可以统一规划、扩大规模，以增大对群众收入增加的推动作用。[④]

以上观点分别从不同的角度对产业扶贫的概念和作用进行了阐述。综合以上观点，笔者认为，产业扶贫是以市场为导向，以贫困地区的特

① 徐翔，刘尔思. 产业扶贫融资模式创新研究 [J]. 经济纵横，2011，000（007）：85-88.

② 唐建兵. 集中连片特困地区资源产业精准扶贫机制研究——以四川藏区为例 [J]. 四川民族学院学报，2016，25（002）：50-55.

③ 白丽，赵邦宏. 产业化扶贫模式选择与利益联结机制研究——以河北省易县食用菌产业发展为例 [J]. 河北学刊，2015，035（004）：158-162.

④ 韩斌. 我国农村扶贫开发的模式总结和反思 [J]. 技术经济与管理研究，2014，000（006）：119-122.

色资源禀赋为基础，以产业规划、产业选择、产业发展为核心，以经济效益为中心，以产业扶持政策为支撑，以贫困人口增收、贫困地区区域经济增强为目的的扶贫方式。

产业扶贫包括以下几个重点。

第一，产业扶贫以市场为导向，以打通贫困地区、贫困人口与市场的联系为重要手段，关键在于通过建设产业链，在贫困地区延伸产业的功能作用，对接贫困地区农民与生产、技术和市场的联系，从而真正做到"造血型"扶贫。产业扶贫强调产业运作的内在机制，通过类似于工业化的组织方式，围绕某种资源、产品或服务，整合技术、生产、管理、市场等各个环节的优势，建立一套完整的经营方式、组织形式及生产链条，实现技术环节—生产环节—营销环节的一体化运作，进而实现从"输血型"扶贫向"造血型"扶贫的转变，使贫困群体逐渐摆脱贫困。

第二，产业扶贫是一定区域内的产业规划和产业发展方式，区域内的产业选择对于产业扶贫至关重要。特色产业是贫困地区脱贫的依托，是长期稳定脱贫的保证，发展特色产业是提高贫困地区自我发展能力的重要举措。习近平总书记在山东调研时提到，"一个地方的发展，关键在于找准路子、突出特色。欠发达地区抓发展，更要立足资源禀赋和产业基础，做好特色文章，实现差异竞争、错位发展。"有些贫困地区自然资源丰富，具有发展特色产业的潜力，但受经济技术发展水平等因素的影响，资源优势未能有效转化为产业优势、经济优势，特色产业发展总体水平较低，成为农村贫困人口增收脱贫的瓶颈，被视为"富饶的贫困"。需要指出的是，特色产业的选择，要以贫困人口可实施、能融入、有增收为前提，强调适宜、适度、适应性准则，不能超前和玩虚功，更不能脱离实际，甚至犯颠覆性的错误。

第三，产业扶贫的目的是使贫困人口增收、贫困地区区域经济发展能力得到增强。产业扶贫的内涵是通过农业产业化的发展，结合开发式扶贫的政策，通过开发当地的内生性资源，实现农业建设产业化以及农民自我发展和致富。目前，产业扶贫发展的主要内容是：在县域范围，培育主导产业，发展县域经济，增加资本积累能力；在村镇范围，增加公共投资，建设基础设施，培育产业环境；在贫困户层面，提供就业岗位，提升人力资本，使其积极参与产业价值链的各个环节。因此可以说，产业扶贫是对发展滞后地区的一种政策倾斜。

第四，产业扶贫不是一个静态的扶贫概念，而是一个动态的持续过程。按照产业扶贫的政策设计，从项目设计规划、整合协调、管理实施到最后监督验收，除了应发挥地方政府的主导作用以外，也应发挥龙头企业、农村经济合作组织、贫困农户等的主体作用。换言之，进行产业扶贫并不是一个地区、一个部门的事情，而需要各级政府、各个部门通力合作，必须举全社会之力。

第五，明确区分产业扶贫与扶贫产业两个概念之间的区别。产业扶贫与扶贫产业既有区别又有联系。两者的区别在于，产业扶贫是动词，侧重描述扶贫的方式，而扶贫产业是名词，用于描述某种产业。具体而言，产业扶贫是一种扶贫方式，一般是为了表达通过发展产业而实现扶贫开发的意思，其更侧重于扶贫开发的一系列过程，如如何选择产业扶贫的对象，如何选择具体产业，能否起到带动贫困人口增收的效果等。与产业扶贫对应的是"五个一批"[①]中的有关概念，比如就业扶贫、易地搬迁扶贫、社保兜底扶贫等。扶贫产业，则是产业的一种表现形式，一般用于描述具体的产业，侧重描述产业的发展方式、经营方式、经济业态等内容。例如，种养殖业是一种扶贫产业，电商服务业也是一种扶贫产业等。产业扶贫与扶贫产业的联系在于，二者的核心都是在于发展产业，通过在贫困地区发展不同类型的产业，实现贫困地区的发展和贫困人口的增收。

（二）产业扶贫的特征

总体来看，产业扶贫能够直接带动贫困人口增收，是一种减贫效果

---

① "五个一批"是 2015 年 10 月 16 日国家主席习近平在减贫与发展高层论坛上首次提出的脱贫措施，具体是指发展生产脱贫一批、易地搬迁脱贫一批、生态补偿脱贫一批、发展教育脱贫一批、社会保障兜底一批。

较为直接且可持续的减贫脱贫方式；能够扩大贫困人口对经济、政治生活的参与面，提升贫困人口的内生动力；在本质上是一种经济活动，具有一定的市场风险；其实施推进是一项较为复杂的系统工程，具有一定的持续性效应；它的区域特征明显，实现路径多种多样。

第一，产业扶贫能够直接带动贫困人口增收，是一种减贫效果较为直接且可持续的减贫脱贫方式。贫困人口集中分布在农村地区，其收入来源大部分依靠农业生产，产业扶贫可以通过让贫困户发展种养业，直接带动贫困人口增收，是减贫效果较为直接的脱贫方式。此外，贫困人口不仅可以通过产业扶贫摆脱困境，也可以通过产业扶贫积累一定的产业发展经验，为其可持续的脱贫提供支持。所以说，产业扶贫是一种减贫效果较为直接且可持续的减贫脱贫方式。

第二，产业扶贫扩大了贫困人口对经济、政治生活的参与面，提升了贫困人口的内生动力。相对于传统的"给钱给物"式扶贫，产业扶贫可以帮助贫困地区、贫困人口提高自我发展能力。产业扶贫能够依托区域特色优势产业，实行差别化扶持措施，让贫困群众参与到当地产业发展的过程中，在帮其实现增收致富的同时，使其广泛参与经济、政治活动中，从而不断提升贫困人口的内生动力。

第三，产业扶贫的本质是一种经济活动，具有一定的市场风险。产业扶贫从根本上讲是一种经济活动，具有市场经济活动的属性和特点，因此，不可避免地存在市场风险。由于产业扶贫项目选择、项目实施过程中的失误而导致贫困人口贫困程度加深的现象也偶有发生，相对其他减贫方式，产业扶贫具有一定程度的市场风险。因此，产业扶贫需要科学规划、合理布局，还需要科学合理的资源配置和资金投入，重点是要规避市场风险，少犯主观主义错误，避免发生好心办坏事的情况。

第四，产业扶贫是一项较为复杂的系统工程，具有一定的持续性效应。产业扶贫的复杂性体现在主客观两个方面。主观上，贫困人口思想观念、劳动能力、致富愿望千差万别，因此要充分调动贫困农民的生产积极性和主观能动性，改变目前扶贫开发中存在的等、靠、要思想，增强内生发展动力的难度大。客观上，特色产业扶贫受地理位置、自然资源、发展水平和技术条件等客观因素的影响，产业选择和企业选择难度很大，如何把多重因素匹配好、多种生产要素组合好，具有一定的复杂性。此外，由于农业生产、产业发展的周期较长，其影响往往持续数年，同时产业扶贫项目往往具有很强的持续性效应，这种持续性又进一步增强了产业扶贫的复杂性。

第五，产业扶贫的区域特征明显，其实现的路径多种多样。贫困地区自然条件千差万别，资源禀赋各不相同，发展基础迥然有异；贫困人口分布点多、面广，贫困程度、致贫原因、帮扶需求多种多样。因此，就产业扶贫本身而言，是一个外来先进经济因素深度介入的过程，载体能不能顺利接纳，既要考虑地域差异和群体特性，又要考虑传统习惯和文化因素等，不能简单地照搬照抄。

（三）我国产业扶贫模式的主要类型模式

我国产业扶贫自20世纪80年代开始，经过多年的实践探索，已经形成了多产业、长链条、多路径的产业化扶贫态势。产业扶贫具体可以分为以下几种模式。

1. 企业带动型模式

这种模式是我国在长期的产业扶贫实践中形成的主流模式，是通过龙头企业带动，合作组织或其他组织的参与，带动贫困人口增收的模式。"公司+农户""订单农业"是企业带动型模式的基本形式，此外，还形成了诸多的派生形式，比如"公司+农户+基地+市场""公司+基地+农户""公司+农户+党支部"等。

2. 大户带动型模式

大户带动型模式即通过一些在生产、销售方面有特长的农户带动，实现贫困人口增收的模式，包括"能人带动""抱团经营"等形式。大户带动实际上也是企业带动模式的派生形式。该模式能够让贫困户与有能力的农户组成专业合作社后，再与公司对接，可以解决企业直接与贫困户对接成本过高的问题。公司主要与合作社打交道，提供产前、产中和产后的全方位技术支持与服务，降低合作社运行的成本和风险，而合作社则按公司的要求负责组织会员进行产品生产，降低公司的生产成本。在这一模式中，公司主要通过产后的加工环节和销售环节盈利，在生产环节对合作社和贫困户让利，从而形成双赢的利益格局。

3. 集体经济带动型模式

集体经济带动型模式即通过集体经济的壮大，带动贫困人口增收的模式。此模式的代表是一批依托优势资源和扶持政策发展壮大村集体经济的明星村，各村将村集体经济收入的一部分支持贫困户脱贫。精准扶贫以来，除了传统的明星村之外，依靠扶贫政策也诞生了一批集体经济强大的村庄。

4. 新型产业和新技术带动型模式

依托近几年兴起的新技术（如大数据产业、电商扶贫等）带动贫困户增收。也有依托近几年增长较为迅速的国民经济行业，较为典型的是旅游产业等带动贫困人口增收。旅游产业扶贫是近几年来发展得比较迅速的一个产业扶贫模式，旅游产业扶贫是通过开发那些拥有独特先天优势资源地区的方式，建设旅游景区，吸引游客前来观光旅游，进而带动一系列促进地区发展增收的产业发展的扶贫模式，如农家乐、特色产品生产销售、饮食消费等。该模式的特点是充分发展利用当地的自然、人文资源，吸引游客前来旅游，进而带动地区的整体发展，从而使贫困户受益。

5. 政策带动型模式

此模式主要是依靠精准扶贫以来中央扶贫的各类奖补政策支持，通过奖补扶持政策与资源开发对接，让贫困户在产业发展中受益，较为典型的是光伏扶贫，还有各地较为通行的小额信贷扶贫。大部分地区将小额信贷资金通过挂靠经营实行保底分红的形式带动贫困人口增收。

6. 资产收益型模式

该模式将自然资源、公共资产（资金）或农户权益资本化或股权化，相关经营主体利用这类资产产生经济收益后，按照贫困农户所占股份或以特定比例使其获得合理的收益。这种模式对失能和弱能贫困人口具有针对性和有效性，因为它不依赖农户的独立经营能力，重点放在扶贫收益到户。通过赋予贫困户产权或股权，有利于贫困农户积累资产并利用这些资产持续受益，从而持久脱贫。

二、产业扶贫的特殊作用

（一）产业扶贫在扶贫工作中的重要作用

总的来看，产业扶贫在扶贫工作中具有十分重要的作用，能够直接带动贫困人口增收，是实现贫困人口脱贫的重要途径；是促进贫困地区产业结构转型、充分发挥后发优势的重要推手；可以提升贫困人口和贫困地区的内生动力，是实现可持续发展的重要手段。

1. 产业扶贫是实现贫困人口脱贫的重要途径

产业是发展的根基，是脱贫的主要依托，发展产业有利于激发贫困地区和贫困人口的内生动力，提高其自我发展能力，从根本上确保脱贫效果持续稳定。贫困地区受到地理位置、水土资源、人口素质等因素的制约，思想观念相对封闭落后，创新意识和自我发展能力不强。实践证明，靠"救济式"扶贫，群众的等、靠、要思想更加严重；靠传统产业改变贫困面貌，自身条件又不允许。要想利用好国家的各项扶贫惠农政策，真正走出一条促进贫困地区长远发展的道路，最根本的还是要因地制宜，大力发展符合地方实际的特色产业，通过产业开发，发挥"造血"功能，促进贫困地区经济的可持续发展。

贫困地区的道路、农田水利等农业基础设施比较薄弱，贫困户面临启动资金不足、农产品销路不畅、难以抵御自然灾害的风险，因此贫困农户很难依靠自身的力量发展农业，小农种植效率低，难以形成规模化的农产品生产。产业扶贫通过贫困农户土地入股等多种合作方式将农村分散的土地资源组织化、规模化，带动贫困户增收，效益明显。

2. 产业扶贫是促进贫困地区产业结构转型、充分发挥后发优势的重要推手

产业扶贫的发展同时带动了农村地区经济产业结构的转型。其带动

路径主要有两条，其一是从以第一产业为主向第一、二、三产业并重的方向转型。目前，贫困地区的产业扶贫已经逐渐摒弃以往只有初级产品没有次级产品的做法，而开始重视高端产品的深加工和生产，使产业链条加深加长。信息化、高端化、链条化、品牌化成为产业扶贫的转型特征。其二是以生产性服务业带动其他产业的发展。近年来，以自然资源为依托的旅游产业扶贫正在悄然兴起，并与生产性产业相结合，带动了一批以生产、销售、观光、服务为主线的"旅游—产业"扶贫路线。而且旅游产业与电商互联网扶贫产业的兴起，为当地居民提供了众多的生产性服务岗位，如农产品销售、物流、货物储存与分配、办公清洁、电子商务等。大部分农民借此机遇，通过开办农家乐，或到旅游企业、酒店、餐馆、旅游商店工作等提高收入。与此同时，还带动了餐饮业、农副土特产品加工和包装销售、旅游纪念品开发，甚至房地产业、客运业等的蓬勃发展，促进了贫困地区产业结构的调整。

此外，贫困地区的后发优势也因产业扶贫和产业结构转型而得以发挥。在经济转型和大力倡导生态文明的大背景下，贫困地区再走"先污染、后治理"的传统工业化老路已不可行。实际上，贫困地区只要跳出传统工业化发展思维，充分利用自身丰富的非物质文化和绿水青山等绿色资源优势，反而有可能利用后发优势加快发展。随着绿色发展理念和互联网等技术条件的变化，加之中国经济实力的大幅提高，贫困地区发展面临的很多传统约束，如地理偏僻、本地市场狭小、资本缺乏、人口素质差、资源匮乏等，均已被突破，而一些新的后发优势则正在出现。第一，绿色发展理念变化带来的新优势。贫困地区由于"欠发展"，反而保留了良好的生态环境和地方文化。在大力倡导绿色发展理念的今天，贫困地区的绿色优势十分明显。第二，贫困地区不再需要像过去的沿海地区那样过于依赖远距离的海外市场，目前国内发达地区已足以为其提供市场、资金、人才等支持。尤其是随着互联网、信息通信技术、电子商务、快速交通和物流等的兴起，贫困地区不仅可以依托国内市场，而且可以通过互联网低成本地同发达地区共享教育、医疗、信息等服务。第三，乡村价值被重新认识带来新的资源优势。乡村各种无形的绿色"新"资源价值不断凸显，如生态环境、休闲、健康、体育、非物质文化遗产、景观、体验、情感等。

3. 产业扶贫可以提升贫困人口和贫困地区的内生动力，是实现可持续发展的重要手段

我国的扶贫以往多为救济式扶贫，只注重短期的效果，而忽略长期效果。在我国已有的扶贫模式当中，产业扶贫在可持续性及创收的效果上，都明显优于其他几种扶贫模式。而且近几年我国的产业扶贫越来越向"造血式"扶贫的方向靠拢，开始有针对性地解决贫困户的教育程度低、专业知识匮乏等问题，同时兼顾挖掘贫困农户的内生动力。

对于贫困地区来说，产业扶贫的实施与推进能够增强贫困人口的自组织能力，提升贫困地区的内生动力。从我国的贫困状况来看，贫困户与贫困户之间缺乏一个固定的信息资源连接桥梁。就贫困户个人而言，也缺乏相应的社会支持。而在产业扶贫政策下发展起来的农业生产合作社正好能满足贫困农户的需求。农业生产合作是由从事同类农产品生产经营的农民自愿组织起来，在技术、信息、资金、购销、加工、储运等环节开展互助合作的经济组织。就农业生产合作社的功能来说，它能够给予贫困户一定的支持和引导，满足了产业扶贫中的组织化需求，解决了贫困户之间的土地分散不成规模、抗风险能力低、信息渠道匮乏等问题。我国政府这些年也逐渐开始重视农业生产合作社的发展，并在多种政策法令中明确要给予农业生产合作社以优惠条件。根据中华人民共和国国家统计局数据，中共十八大以来，各种类型的新型农业生产经营主体快速发展，逐步成为现代农业建设的重要力量。产业扶贫的发展为农村民间建设的组织化提供了条件和机会，组织发展起来的合作社反过来又有利于当地产业的发展。总而言之，农村专业合作社的发展与产业扶贫密不可分，相互促进，协调发展，有利于农村的经济发展和社会稳定。

（二）产业扶贫发挥作用的约束条件

产业扶贫能否发挥带动贫困人口增收的作用，受到一系列条件的约束。为了更好地发挥产业扶贫在扶贫工作中的带动作用，推动产业扶贫时要特别注意产业扶贫项目的益贫性、精准性、参与性和风险防范意识。

1. 产业扶贫的益贫性

益贫性是指产业扶贫对贫困人口的有利程度，若贫困地区产业扶贫的推进对贫困人口更加有利或者说贫困人口获利大于其他人群，则其益贫性就强。但通常由于贫困人口在资金、能力方面的劣势，产业扶贫项目中普遍存在"精英捕获"现象，即大量的项目和资金被非贫困人口获得，而贫困人口并未从中获利，甚至受到一定程度的利益剥夺，反而进一步加深其贫困程度。可以说，产业扶贫在减贫方面的成败关键在于益贫性，产业扶贫项目要始终将益贫性、脱贫成绩作为产业扶贫最主要的衡量指标。因此，在确定产业扶贫项目时，要看产业扶贫项目是否切实有利于贫困人口和贫困村庄，利益分配机制是否有利于减贫，而且要看产业扶贫项目给贫困人口带来多少好处。只有充分发挥产业扶贫项目的益贫性，才能完成产业扶贫项目应有的作用。

2. 产业扶贫的精准性

产业扶贫的一个典型特征就是其实现路径多种多样，其效果取决于选择的产业是否符合贫困地区的实际情况。因此，产业扶贫必须不断提升精准性。要实现产业扶贫的精准性，必须坚持以市场为导向、以经济效益为中心，选好产业项目，努力做到扬长避短、发挥优势，而且要从贫困村、贫困户的实际出发，从发展产业、完善基础设施等方面考虑，从群众反映最多、最急需解决的问题入手，研究制定贫困村、贫困户产业发展规划和年度计划，形成扶贫项目库，为有效整合资金、有计划地推进一批产业项目落地打好基础。

此外，产业扶贫的精准性还要求实施精准培训。不论发展何种产业，都需要大量人才参与其中。因此，应引导培训服务平台向乡村延伸，开展定点培训，进一步提高农村劳动者的素质，为城乡统筹发展提供人才培训服务，让贫困农民拥有一技之长，只有这样才能切实实现脱贫致富。在精准扶贫过程中，尤其要注意根据群众的意愿，增强培训的针对性，如举办蔬菜种植、林木种植、动物疾病防治、农村电商示范培训班等。

3. 产业扶贫的参与性

产业扶贫除了通过发展产业直接带动贫困人口脱贫之外，更重要的是培育贫困人口的可持续脱贫能力，激发贫困地区的内生动力。只有充分调动包括贫困户、村干部、新型经营主体等在内的各方主体在管理、分配等各关键环节参与的积极性，才能在发展产业的过程中激发贫困地区的内生动力。因此，产业扶贫要注重提高群众的参与性。产业扶贫区别于采取救济式的扶贫手段，而是通过开展一系列的产业扶贫项目，将农民纳入发展进程中来，使整个项目实施过程在多方治理主体的参与下，成为一个知识交流、协商谈判、全面参与以及履行责任的过程。通过对产业扶贫项目的开发，可以为贫困地区人群开发出真正有利于当地长期发展的契机。总的来说，在扶贫项目的设计、规划、实施、监管和验收过程中，应将参与式理念和工作方法贯穿始终，并通过自下而上的决策方式，激发群众的积极性、主动性和参与性。

4. 产业扶贫项目的各类风险

由于农业要面临自然风险、市场风险、经营风险等多重风险，一些农业产业扶贫项目如果缺少风险防范机制，就有可能经营失败，进而引发负面的示范效应，影响农民增收。另外，产业扶贫项目治理结构缺陷也有可能带来风险，加之产权、利益分配、土地股份合作等复杂性，必须予以高度重视，确保产业扶贫项目的顺利推进。对于这些风险，有必要做好风险防范机制，避免产业扶贫项目不扶贫还伤农现象的出现。

三、精准扶贫与产业扶贫

新时期扶贫最根本的要求和最鲜明的特点，就是在于"精准"二字，而难点也在于"精准"。习近平总书记指出："扶贫开发推进到今天这样的程度，贵在精准，重在精准，成败之举在于精准。"

新时期要推进精准扶贫，就必须在号准"贫脉"上多下功夫，以产业扶贫为抓手。各地贫困的原因虽说千差万别，但归根到底是由于产业发展不足造成的。给钱给物的"输血式"扶贫方式，只能解一时之困，合理地发展扶贫产业项目、安排扶贫资金，恢复贫困地区的"造血功能"，才能断掉穷根、开掘富源。可以说，产业是精准扶贫的"发动机"，产业是增收致富的"摇钱树"，产业是精准扶贫的"铁抓手"。因此，在精准扶贫过程中，加强产业扶贫具有十分重要的意义。

（一）产业扶贫与精准扶贫的关系

　　产业扶贫是我国扶贫开发的主要路径之一，也是贫困户和贫困人口实现致富的主要手段，而精准到户、因户施策的精准扶贫策略的最终落脚点也在于贫困户和贫困人口。一方面，企业通过产业扶贫带动和辐射贫困户和贫困人口，使得贫困户和贫困人口在参与产业扶贫的过程中不断掌握和提高产业生产工艺技能，实现致富；另一方面，贫困户和贫困人口娴熟的产业生产技能也会极大地促进企业产品质量和产业链的延伸发展，为企业创造更大的盈利空间。

　　1. 精准扶贫需要产业扶贫做到精准识别

　　对于实施精准扶贫方略来说，首先要做到精准识别，然后对精准识别的人口进行分类帮扶，这一过程的重点在于强调扶贫开发的精准性，即精准性是扶贫开发工作的本质所在。精准扶贫战略要求产业扶贫应精准到具体的贫困户和贫困人口，针对不同的贫困户和贫困人口的产业基础、文化差异、技能差异、年龄差异、性别差异等特殊情况，因户因人实施产业帮扶策略，通过使其参与产业扶贫来增强内生发展能力，促进其有效、稳定、持续致富。

　　2. 产业扶贫精准是精准扶贫内涵的延伸

　　精准扶贫方略的提出和实施为产业扶贫的发展提供了新的价值取向，即产业发展要与精准扶贫有效结合，产业扶贫要让贫困户和贫困人口真正受益。产业精准扶贫意味着企业需要运用产业化、规模化、现代化的发展方式，精准对接好贫困户和贫困人口，因户因人实现产业扶贫的精准化。比如企业通过金融融资、土地入股、提供就业等措施有针对性地吸纳贫困人口参与产业运行过程中，使贫困户和贫困人口成为企业产业发展的主人，共同承担和分享企业产业发展的风险和红利，实现贫困户、贫困人口的企业发展责任和企业社会责任的有效耦合，从而实现产业精准扶贫的最大效益。

（二）产业精准扶贫：精准扶贫方略对产业扶贫的新要求

新时期，产业精准扶贫是精准扶贫方略对产业扶贫的新要求。为此，产业精准扶贫需做到"六个结合"与"四精准"。

1. 产业扶贫需做到"六个结合"

"六个结合"是指产业扶贫与市场规律结合，产业扶贫与区域特点有效结合，产业扶贫与贫困人口有效结合，产业扶贫与绿色生态有效结合，产业扶贫与科学技术有效结合，产业扶贫与创新帮扶方式有效结合。

（1）产业扶贫与市场规律结合

推进产业扶贫要明确其经济属性，必须坚持市场导向，要以各地的资源禀赋以及贫困户的经营能力和脱贫需求为依据，不能不顾实际，盲目一哄而上，引进水土不服的产业。必须要明确的是，产业发展本质上是一种经济活动，必须遵循市场和产业的发展规律。我们可以通过"放管服"营造有利于产业发展的市场环境。例如，针对贫困农户要加强信息服务、技术指导、经营培训、资金扶持等，帮助农户了解市场、开拓市场、适应市场。但要充分认识到，政府有能力为农民服务，但没有能力为市场做主。要防止因为强迫命令、包办代替，造成产品滞销的情况发生。

（2）产业扶贫与区域特点有效结合

产业扶贫与区域特点的结合可以通过生产与销售这两条路径来实现。首先，产业选择要精准对应区域的特点，要注意小区域与邻近区域间的精准协调，制订有效精准的扶贫产业生产规划。其次，市场销售路径也需精准化。要充分考虑市场销售的可能性与风险性，在生产前就将预生产的产品对接到需要它的市场中去，实现产销一体化，消除中间等待的时间。通过精准对接可以减少成本，减少未知的市场风险，促进产业生产与销售的良性循环和持续发展。

（3）产业扶贫与贫困人口有效结合

一方面，要有针对性地将贫困人口吸纳到扶贫产业发展的链条体系中。在精准识别适合参与扶贫产业的贫困人口的前提下，通过贫困人口的实际情况和脱贫计划，将贫困人口精准恰当地安排到扶贫产业链的各个环节。另一方面，要构建企业盈利与贫困人口获利的产业扶贫利益共享机制。要坚持以贫困人口的利益为核心，形成贫困人口与企业双向利益联结机制，让贫困人口精准共享产业发展的成果，在产业扶贫中实现企业和贫困人口的共同发展。

（4）产业扶贫与绿色生态有效结合

产业扶贫与绿色生态的结合是当今社会发展的必然趋势。产业扶贫与绿色生态扶贫的有效结合即依托当地自然资源发展环境友好型、生态友好型产业；或是对生态基础较差的地区采取生态改善和修复的做法，促进生态环境的有效恢复和保护。

（5）产业扶贫与科学技术有效结合

高新科技是影响产业扶贫效率与效率上限的重要因素。要想推动产业扶贫与科学技术的有效结合，可以从以下几点着手。首先，需普及应用农业科学技术，加大对贫困地区农户的技术培训力度，加强对专业农技人员的培养。其次，要加快加强产业扶贫高端化的进程，即重视新兴农业科技的使用，延长产业链，重视附加值高的精加工环节。最后，应注重"互联网+"、大数据等高新信息技术与产业扶贫的结合，如通过电子商务中心、电商平台等多种互联网平台实现各种产业产品线上线下的互动销售。

（6）产业扶贫与创新帮扶方式有效结合

过去一些地方的产业扶贫由于受益对象不精准，参与产业发展有门槛，导致"扶贫变扶富、获益是少数"的现象时有发生，获利的往往是那些少数有能力、不那么贫困的人，真正需要帮助的穷人反而参与不进去、受益不多。要提高产业扶贫的脱贫成效，必须找准产业项目与贫困户增收的结合点，建立起贫困户真正可以分享产业发展红利的有效机制。对于一家一户可以开展的项目，贫困户有能力搞的项目，应当首先组织建档立卡的贫困户来干。对于不适宜一家一户干的，或者贫困户自己不能干的项目，要通过股份合作、订单帮扶等多种形式，引导贫困户之间、贫困户与普通农户、贫困户与新型经营主体加强联合合作，建立更加紧密的利益结合关系。另外，要积极探索建立贫困户、村集体、龙头企业共同分享集体资源资产收益的长效机制，通过土地托管、扶持资金折股量化、农村土地经营权入股等方式，让贫困农民既可获得产业发展的经营性收入和工资性收入，也可通过股权分红获得长期稳定的收益。此外，还可以有针对性地开展贫困农民产业技能培训，充分利用当地的产业条件扶贫；利用积极有效的财税金融政策，有针对性地促进产业化扶贫事业的发展；健全科学的产业扶贫绩效考核奖惩机制，精准推动产业扶贫深入发展；加强科技服务，建立农技服务精准到户机制。

2. 产业扶贫需做到"四精准"

"四精准"包括产业选择精准、经营方式精准、支持方式精准和贫困人口受益精准。

（1）产业选择精准

重点支持贫困村发展种养业和传统手工业，大力打造"一村一品""一乡一业"，宜农则农、宜菜则菜、宜果则果、宜草则草、宜牧则牧、宜林则林，适合什么就发展什么，同时积极发展休闲农业和乡村旅游等新业态。总的来说，产业精准扶贫的产业规模在不同地方、不同产业具有不同的要求，要从经济学角度来考量特色产业发展的规模和质量。

（2）经营方式精准

这是通过产业发展激发生产经营活力、确保贫困户受益的关键，不仅事关生产力的发展，也涉及生产关系的调整。近年来，不少地方都在积极探索精准的经营方式，并取得了较好成效，积累了不少经验。

（3）支持方式精准

要注重从产业项目、支撑体系、融资方式三方面来把握和推进。只有这样，支持才能精准，不会脱轨跑题。

（4）贫困人口受益精准

这是"四精准"的核心和落脚点。具体来说，就是要做到扶贫对象聚力到户、增收时效有序到户、扶贫资金挂钩到户、考评验收明确到户。

总之，产业选择精准是前提，经营方式精准是保障，支持方式精准是支撑，人口受益精准是核心。"四精准"是一个整体，相互依存，相互促进。

（三）产业扶贫的保障措施

要想确保产业扶贫的顺利推进，还需要进一步完善政府的工作机制。在精准扶贫的背景下，产业扶贫离不开政府的推动与支持。政府具体的保障措施包括：明确工作责任、加强指导服务、加大投入力度、强化督察考核。

1.明确工作责任

产业扶贫工作实行中央统筹、省负总责、市县抓落实的工作机制。中央统筹，即中央有关部门要给政策、给支持，同时要监管帮扶措施是否精准落到建档立卡的贫困户头上。省负总责，即省级政府要做好省级规划编制、政策措施统筹、资金项目安排等。市县抓落实，即市县级政府要做好具体项目的组织实施工作，把产业项目与建档立卡的贫困户对接起来。

2.加强指导服务

各地条件不同，产业发展方向不同，帮扶方式不同，产业扶贫的工作重点也不同。各地区和各有关部门要加强对贫困地区产业扶贫的指导，确保产业发展的大方向不出现偏差，确保帮扶措施能真正使贫困人口受益。在这个前提下，要充分发挥地方和基层的主动性和创造性，因地制宜，大胆探索，积极推进产业扶贫。另外，要加强调查研究，及时发现解决工作中出现的问题，及时总结推广好的经验和做法，推动产业扶贫工作上台阶。

3. 加大投入力度

要加大对产业扶贫的资金投入力度，设置财政专项扶贫资金，重点支持扶贫产业的发展。要灵活运用各种金融工具和各项政策措施，特别是扶贫小额贷款、贴息资金、价格保险等金融手段，加大对产业扶贫项目的金融支持力度。同时，要积极引导中央企业、民营企业设立贫困地区产业投资基金，引导各方面力量参与产业扶贫。

4. 强化督察考核

督察考核是落实责任的关键。要依托精准扶贫大数据平台，建立建档立卡贫困户参与产业脱贫的信息报送制度，提高产业扶贫的透明度。要通过联合督察、行业督察、第三方评估等多种方式，对各地产业扶贫工作进行督察检查。

第二节 产业扶持稳定、可持续发展的机制

一、发展特色化与差异化的扶贫产业

不同地区的产业基础、条件和规模等各不相同，在产业扶贫的过程中，要充分利用贫困地区的产业差异性，集中力量扶持特色支柱产业，实现产业规模化经营，形成规模报酬递增效应。发展特色支柱产业是实施产业精准扶贫的重要抓手，能够发挥示范带动作用，形成产业品牌优势，扩大产品知名度。而扶贫产业的差异化正是产业特色化的基础，不同的产业类型可以实现地区间的优势互补，避免出现"千村一面"的同质化现象，造成资源浪费。因此，扶贫产业的特色化与差异化发展是产业扶贫稳定、可持续发展的重要机制。

（一）发展特色扶贫产业

所谓扶贫产业的特色化，是指因地制宜地深入挖掘本地独具特色的自然资源、旅游资源和文化资源等，探索符合本地实际的产业发展模式，充分利用贫困地区优势资源，实现跨越式发展。科学确定特色产业就是要科学分析贫困地区的资源禀赋、产业现状、市场空间、环境容量、新型主体带动能力和产业覆盖面，选准适合该地区发展的特色产业。

1. 发展特色扶贫产业的原因

发展特色扶贫产业是提高贫困地区自我发展能力、实施精准扶贫的关键。特色产业具有示范效应，特色产业的发展有利于带动上下游相关产业的协同发展，形成区域产业优势，促进贫困群众持续稳定增收。但是，当前贫困地区特色产业发展总体水平不高，很多地方的资源优势尚没有有效转化为产业优势、经济优势。如何打造可持续发展的特色扶贫产业成为产业扶贫首先要解决的问题。

2. 打造可持续发展的特色扶贫产业的方法

在扶贫实践中，我们要从特色产业的规划、投资效益和利益关联机制等方面打造具有可持续发展能力的特色扶贫产业。

（1）做好特色扶贫产业规划

选择精准合适的特色产业纳入扶贫范畴，并制订相应的产业扶贫方案，组织具体实施，不是一蹴而就的。要着力构建现代产业体系、生产体系和经营体系，以特色产业为主导，多业并举，形成一主多副的产业格局。

（2）提高特色扶贫产业的投资效益

遵循市场和产业发展规律，因地制宜，合理确定扶贫发展方向、重点和规模。充分利用当地的生态、资源等优势，找准特色产业开发的重点、难点和切入点，在实施中不断提高产业扶贫的精准性、效益的持续性和增收的有效性。实现精准至要、扶贫为本、效益优先、利益共享、风险可控、影响久远的导向与组织引领机制，警惕和避免贫困户因投资失效而陷入新的贫困。

（3）找准特色产业与增收的结合点

将产业扶贫发展与建档立卡贫困人口的脱贫连接起来，通过股份制、股份合作制、土地托管、订单帮扶等多种形式，建立贫困户与产业扶贫发展主体间利益联结机制，让贫困人口共享产业发展收益。要提高贫困户在特色产业发展中的质量安全意识、长远发展意识和积极参与意识，培养新型现代农民。

（二）发展差异化扶贫产业

扶贫产业的差异性是指基于不同的自然条件、社会条件和经济条件，以及产品类型、发展方式和市场选择而形成的具有不完全替代性的产业类型。差异化扶贫产业的不完全替代性保证了贫困地区产业的独特优势以及较强的市场竞争力。

1. 发展差异化扶贫产业的原因

发展差异化扶贫产业是提高扶贫产业竞争力的重要环节。有的贫困地区扶贫产业规划出现"千村一面、千户一面"的现象，导致产能过剩，从而影响产业扶贫的整体效果。有的贫困地区发现周边什么产业"火"，就上马什么产业，盲目跟风，缺少差异性思维，导致产品数量增加，产品滞销，农民不仅挣不到钱，还对发展产业和致富越发迷茫。

2. 打造可持续发展的差异化扶贫产业的方法

打造差异化扶贫产业的关键在于产业因地制宜的发展和产业创新两个方面。做到了因地制宜和创新发展，就能避免出现产业同质化的现象。

第一，要根据本地区的资源禀赋和产业基础，因地制宜，打好特色牌、优势仗。俗话说，一方水土养育一方人。其实，一方水土也养育一方产业。贫困地区的产业扶贫要因地制宜，要把区位优势、资源优势转化为发展优势，要客观认识当地的市情、县情、乡情，不能脱离地方实际发展扶贫产业。因此，政府在引导扶贫产业发展时不应贪大求猛，导致扶贫产业同质化，造成内部资源虚耗，无效供给增加，而应当实行差异化竞争，让每个产业向优质化方向发展，具有不可替代性。

第二，扶贫产业的差异化要通过不断创新来实现。习近平总书记指出：“企业持续发展之基、市场制胜之道在于创新。”一个地方、一个企业，要突破发展瓶颈、解决深层次矛盾和问题，根本出路在于创新。对于贫困地区而言，创新是要让扶贫产业能够可持续发展。具体而言，从本地区的人力、物力条件出发，根据本地区的自然和人文优势进行创新，根据本地区的产业链优势进行创新。产业创新、企业创新、市场创新、产品创新、业态创新、管理创新、模式创新等都是创新。通过创新产业扶贫模式，依托农业，以工业强产业、以产业强经济、以经济强民生，用新的发展产业模式保持产业的差异性和竞争力，持续地激发扶贫产业的生命力。

二、提高产业的市场适应性和竞争性

扶贫产业要遵循市场规律，适应市场发展，减少盲目生产，从向产量、规模要效益，转变成向质量、品牌要效益。在与市场相适应的同时，还要提高扶贫产业的市场竞争力，创造市场竞争优势，这也是产业扶贫最大的效能所在。

（一）提高扶贫产业市场适应性

提高扶贫产业的市场适应性，就是要坚持以市场为导向，遵循市场和产业发展规律，找准扶贫产业的市场定位，从而明确其发展方向、重点和规模，提高扶贫产业的致富能力，增强扶贫产业对于贫困地区发展的持续性和有效性。

1.提高扶贫产业市场适应性的原因

市场经济条件下产业扶贫的核心是如何引导产业适应市场经济，即如何在市场竞争中生存和发展。市场是扶贫的外部环境和重要关口，要真正实现产业扶贫的目标，达到稳定增加收入来源的目的，必须在适应市场经济要求的前提下去进行。换言之，扶贫产业必须是在社会主义市场经济环境中获得生存与发展，贫困地区必须立足本地优势进入市场大环境，在此基础上促进本地区的经济发展和社会的全面进步。

2. 提高扶贫产业市场适应性的方法

各级政府在选择扶贫产业时，必须找准市场定位，坚持以市场需求为导向，充分运用信息条件，搞好市场调查、前景预测，而不能以行政手段代替市场规则，盲目进入市场。找准市场定位就是在选择扶贫产业时以调查研究为基础，在产业精深加工上做文章，打造高端产品，提高附加产值，适应市场发展的需要。

（二）提高产业的竞争性

从广义角度来说，产业竞争性是指一个国家的某一产业能够比其他国家的同类产业更有效地向市场提供产品或者服务的综合能力，体现的是该产业在生产效率、满足市场需求、持续获利等方面的竞争能力；从狭义角度来说，产业竞争性是指一个区域性的产业所具有的比其他类型的产业更能有效地满足人们需求的效用水平，这是一种比较优势和竞争优势。

1. 提高扶贫产业竞争性的原因

产业竞争性是由生产要素，国内市场需求，相关与支持性产业，企业战略、企业结构和同行业竞争四个主要因素，以及政府行为、机遇两个辅助因素共同作用而决定的。其中，前四个因素是产业竞争力的主要影响因素，它们之间相互影响，形成一个整体，共同决定产业竞争力水平的高低。

由于中国绝大多数贫困地区位于"老、少、边、穷"地区，这些地区资源禀赋条件差、人力资源短缺，不具有产业发展的绝对优势。根据产业竞争性相关理论，只能发挥这些区域的相对比较优势，才能体现区域产业的竞争优势。也只有拥有竞争力的产业才能在经济市场中稳定发展，为贫困群众的增收提供持久的动力。

2. 提高扶贫产业竞争性的方法

首先，扶贫产业要面向市场，选定合适的项目，组织农户连片开发，建立产业基地，实行一体化经营模式，形成区域性优势产业。通常来说，扶持有相对优势、有市场需求、有市场竞争力、有可持续经济效益的产业，并把这些扶贫产业引向市场。其次，市场经济条件下的产业扶贫必须保证产业的竞争优势，并寻求创新发展，这样产业扶贫才能获得可持续发展，保持较强的市场竞争力。最后，经济市场就意味着竞争，贫困地区的产业要想在竞争中不断发展，其产品结构、产品质量和产品价格必然要符合市场要求，这就要求农村资源配置要依靠市场进行合理优化，以较少的资源投入获取最大的效益。

总之，在市场经济条件下，扶贫产业的发展必须遵循市场规律，适应市场规律；要以市场为中心，围绕市场抓产业，根据供求关系、价值规律和产业竞争理论促发展。

三、分析扶贫产业发展组织运行机制

产业运营本质上是一种市场化的经济行为，应遵循市场规律。但是产业扶贫不仅是一种经济行为，还是一项民生工程，不仅需要依靠市场机制进行调节，而且离不开政府的积极作为，政府的管理、服务和资金支持在产业扶贫项目中起到了重要的作用。接下来，我们主要从政府管理、公共服务和资金支持三个方面对扶贫产业发展组织运行机制进行分析。

（一）政府的有效管理

政府的有效管理是扶贫产业发展组织运行机制的第一个环节，具体表现为优化扶贫产业村的发展环境，依照"标准化生产、品牌化经营、基地化管理、产业化发展"的思路做好产业规划。从长远看，加大绿色市县、旅游市县、产业市县等的建设力度，加快探索出经济联合体和生态产业等多种现代产业生产经营方式的新机制，因地制宜发展乡村光伏、旅游、电商等扶贫新产业，改变贫困户在市场风险中的弱势地位，使他们真正享受到扶贫产业发展所带来的实惠。同时，政府要实施扶贫产业的督查考核机制，动态跟踪贫困户参与产业脱贫的情况，对产业扶贫进行精准化管理。建立产业扶贫考核指标体系，对重点部门、重点地区的产业扶贫情况进行综合考核。加强对产业扶贫资金项目的监督检查，委托第三方机构对产业扶贫工作开展效果评估。

在产业经济学理论中，产业政策本身就是政府制定的关于产业保护、扶植、发展等方面的政策总和。换言之，扶贫产业的发展本质上是一种产业经济学行为，但是它被赋予了维护公平正义的社会责任和区域协调发展的历史使命，而政府是实施产业扶贫的主体。政府从产业规划、产业发展战略、产业扶植政策、招商引资政策等几个方面进行指导规范，体现了其在产业扶贫方面的管理职能。

在市场经济体制下，市场在资源配置过程中起决定性作用，服务型政府更加符合市场规律。

（二）政府的公共服务

这是扶贫产业发展组织运行机制的第二个环节，主要表现为改善扶贫产业发展相关的配套条件，比如公共基础设施建设、人力资源开发与培训以及其他形式的政府支持与服务等。由于贫困地区的扶贫产业绝大多数是劳动密集型产业，对于地区的交通运输条件、水电设施等基础设施以及产业工人的劳动技能等具有一定的要求，政府在扶持扶贫产业发展的过程中，要着力破除阻碍扶贫产业发展的交通、水力和电力等基础设施难题。同时，完善产业工人技能培训机制，健全贫困家庭劳动力参与产业培训的对接政策，统筹使用各类培训资源，提高贫困人口产业培训的针对性和有效性。鼓励职业院校和技工学校招收贫困家庭子女，明确转型农民培训工程为贫困人口参与培训提供名额，对参与就业培训或特色产业专项培训的贫困劳动力给予财政补助。引导和支持用人企业在贫困地区建立劳务中介及产业培训基地，开展技能就业定向培训、按区域培训产业、按人口培训项目的精准扶贫培训计划。确保贫困家庭人口掌握一门致富技能，选择增收项目。

此外，还可以根据当地扶贫产业的发展需求，增设为非政府扶贫主体提供服务的部门，如提供法律咨询、调整仲裁等服务，充分发挥政府的服务职能，保障扶贫产业更好的发展。

（三）政府的资金支持

这是扶贫产业发展组织运行机制的第三个环节。我国农村的扶贫资金主要有四个来源：一是中央扶贫资金；二是地方扶贫资金；三是社会各界援助；四是海外资金援助。其中，中央和地方政府扶贫资金占据总数的80%以上。鉴于此，财政部门应逐步加大扶贫产业专项资金的投入力度，国家的一般性转移支付资金、各类涉及民生的专项转移支付资金应向贫困地区和贫困人口倾斜；扶贫产业综合开发和农村综合改革转移支付涉农资金要向精准扶贫项目倾斜。在不改变扶贫产业资金用途的情况下，产业精准扶贫相关专项资金可以投入涉及农业、养殖、光伏、水电、乡村旅游等适合贫困地区和贫困群众致富的绿色产业扶贫项目。同时，要改善扶贫产业项目投资、融资环境。整合各类帮扶产业资金，调整财政资金投入的投向，把有限的资金真正投入到龙头企业、集中到有比较优势的特色产业，使有限的财政资金发挥尽可能大的引导作用。引导金融机构加大对扶贫产业的信贷支持力度，改革贷款抵押方式，建立产业发展抵押担保机制，提高贷款额度，加大贴息补贴，适当降低贷款利率，简化贷款手续，切实解决扶贫产业项目融资难的问题。

在产业扶贫过程中，只有将政府的管理、服务和资金支持职能与市场的优越性结合起来，建立产业化扶贫机制，将扶贫资源投入扶贫产业企业中，与当地贫困农户建立稳定持久的互动关系，才能为贫困农户的发展提供机会，使贫困农户的自我发展能力得到提升，才能保证扶贫产业发展组织机制的顺利运行，最终实现减贫的目标。

第三节 产业扶持未来的发展方向

产业扶持是一项复杂的系统性工程，既要讲究效率，又要兼顾公平；既涉及自然风险，又涉及市场风险。因此，推进产业扶贫要用系统的思维来谋划，要用综合手段来创新，要与发展现代农业相结合。在以贫困户为核心、以贫困群众增收为目标的基础上，稳步推进产业扶贫，把好未来产业发展方向关。"授人以鱼，不如授之以渔。"授鱼再多，也只能解决一时的困难，无法阻止贫困的代际传递，无法拔除穷根。在产业精准扶贫工作中，要积极探索因地制宜的产业扶贫模式，依靠强有力的、可持续的产业带动，推进贫困地区产业的现代化进程，带领脱贫群众走上逐步富裕的道路。产业扶贫具有可持续性的特点，如何尽可能地发挥其可持续性，以更好地实现持续性脱贫和致富，是产业扶贫未来应关注的重点。

一、未来产业扶持的方向

（一）未来产业扶贫的重点

1. 注重政策规划对产业发展的协调作用

即结合精准扶贫的理念，在政策规划和各方协调上实现精准性。例如，政府在未来的产业扶贫中，应当自上而下，从规划分布到实施执行细致、精准、合理的产业发展规划，精准地将各方资源整合协调在一起。首先，精准协调好地区与地区之间的产业分布，以及产业结构关系，避免某些地区产业过于集中，造成产业过密化而降低收益。相同地区内部之间的产业结构关系和分布也需要通过政策规划进行有效调整。此外，要协调好各地区之间的利益关系格局，避免恶性竞争。其次，要求精准规划好产业链的建设和延伸，扩大产业的效益范围，实现产业利益的深化与拓展，还要让产业与产业之间协调起来。最后，政策规划要求能结合长期和短期发展目标，分时段、有依据、精准地对产业发展进行规划，满足贫困户在短期内尽快脱贫的要求，以及在长期内致富并拥有抵御返贫风险能力的要求。

2. 建立有效的利益捆绑机制与精准共享机制

即结合精准扶贫理念，将贫困户与产业发展精准捆绑，并精准共享发展成果。利益捆绑机制就是精准地将贫困户与公司企业进行捆绑，并确保产业扶贫中的多元主体按照实际情况承担相应的权利和义务，以及参与各方拥有对应的积极性和参与性。为此，需要注意调动政府、贫困户与企业的积极性，形成多方积极参与、相互帮助、努力合作的良好局面。例如，在精准识别和精准帮扶的过程中，做好挂点干部与贫困户的对接，由干部直接负责到户、到人，并对其扶贫绩效实施考核，将考核结果与晋升等激励机制精准结合。而对于企业，应该摸清市场主体的经济实力、经营能力和诚信情况，以协议、合同等形式明确扶贫的"责、权、利"并加强监管，确保龙头企业与农户形成真实的利益共同体，以体现精准扶贫的内涵。另外，还要确保扶贫产业的成果切实精准共享到贫困人口中，让贫困人口能从产业发展中获得应有的收益。为此，政府应给予企业一定的政策优惠，如减税或补贴补偿，让企业与合作社拥有相对于社会其他企业的优势，从而协调好参与各方的利益关系。

3. 重视风险保障机制的建设

即应该建立以贫困户利益为中心的风险保障机制，主要从扶持合作社、政府企业合作给予风险保障、农业产业扶贫保险业三个方面着手。一是扶持合作社。对于贫困农户来说，加入资金实力雄厚、组织化程度较高的合作社利于降低个人的风险。因此，政府有必要在未来加大对合作社的建设与投资，从政策与资金层面给予合作社更多的支持，特别要精准帮扶那些吸纳贫困户比例较高的合作社，进而鼓励合作社更加积极地带动贫困户。同时，合作社也要加强自身的建设与发展，积极吸收投资，强化自身的角色功能。二是精准对接好"真贫"人口。这就要求政府、企业合作给予"真贫"农户一定限度的风险保障，即风险来临时，通过农业保险或者是政府、企业共同承担损失的方式，精准化地为"真贫"农户减忧。三是从国家层面倡导发展的农业保险、产业脱贫保险方面入手，为贫困户购买一定限额的保险，提供补贴补助，为他们增加一层利益保障。

产业基金起源于20世纪40年代的美国，20世纪80年代引入亚洲，近年来在我国发展较快。特别是《国务院关于加强地方政府性债务管理的意见》出台后，包括贫困地区在内的许多地方政府举债融资受到限制，基金成为吸引社会资本与金融资本支持政府基础设施建设、公共服务等投资项目的融资选择之一。2016年，国内首支由上市公司主导的产业扶贫基金——中证中扶产业扶贫基金正式设立。该基金是中国扶贫开发服务有限公司、雏鹰农牧集团股份有限公司、袁隆平农业高科技股份有限公司、中信农业基金管理有限公司、兰考龙迪投资管理中心（有限合伙）等多家单位设立基金管理人组建基金管理团队，以"产业精准扶贫、金融创新扶贫"为宗旨，在上市公司主导下运作。该基金有三大特点：一是采取市场化运作方式，设立基金管理人，组建基金管理团队，开展社会化募集、市场化运作和自主性经营；二是对接精准扶贫，以政府相关扶贫政策为导向，投资于国家有关部门认定的亟须精准扶贫的贫困县、片、区，聚焦于大农业、大旅游、现代服务业等经济发展重点领域；三是设计了一套操作性较强的运作模式，由贫困地区政府提供资源，由上市公司主导项目筛选和管理，通过协作实现优势互补，推行产业精准扶贫。

4. 通过绩效考核有效实现生态绿色与产业发展的结合

结合精准扶贫理念，运用绩效考核结果，保证绿色生态与产业发展的结合。即以绿色减贫为产业扶贫的基本结合点，走可持续发展的道路，发展诸如光伏扶贫、构树扶贫、生态休闲旅游扶贫等绿色产业。通过绿色产业发展带动绿色产业品牌的推广，如生态养生旅游，并通过大数据对农村绿色产品进行精准化推广销售。另外，要实现有效的生态产业扶贫，还应该通过政府的脱贫绩效考核进行精准管理。具体来说就是将生态与产业发展结合程度作为政府绩效考核的一个指标，并赋予其一定权重。在审批产业项目时，不符合绿色发展理念、污染严重、副作用较大的产业，一律不准通过。这能有效地约束地方政府的行为，保障绿色减贫的实施，即通过政府绩效确定生态在扶贫中的重要地位，激励政府部门在扶贫行动中不忽视生态这一重要维度。

5. 结合"互联网+"、大数据等高新科技助力产业扶贫

在数字化时代，应该结合高新技术助力产业精准扶贫的发展。应该在产业扶贫中引入"互联网+"、大数据等新科技元素，助力产业扶贫的高效化、精准化、高端化、信息化。首先，"互联网+"、大数据等高新科技可为信息的获取与甄别提供了有效的路径。比如用大数据结合精准扶贫，可精准对接到每一户贫困户，因异施策，对不同的致贫原因采取不同的应对手段。用互联网技术对贫困户的脱贫情况进行精准管理，可打破地区、领域和部门间的"信息孤岛"，将碎片化的信息有效地组织起来，并对贫困人口进行有效甄别，保证贫困退出机制的有效执行。电商扶贫可以利用互联网与大数据对未来市场进行精准的预测，分析各地区、各产业的需求，进行精准营销，从而降低市场的未知因素带来的系统性风险。其次，通过大数据对项目、资金进行精准化的管理，可准确掌握扶贫项目的效益情况，以便及时调整政策，避免项目失误和资金浪费。

（二）保证脱贫产业可持续的举措

贫困的核心问题就是生存与发展，而产业扶贫正好可以解决这两大问题。产业扶贫首先必须找准产业，做到扶贫产业的精准。贫困地区需要根据自身的条件和优势，培养带有自身特点的可持续产业。在选择产业方面，一定要改变过去总在矿产资源等不可再生产能上谋发展的过时思路，而要在传统产业、现代服务业和新兴产业上多动脑筋，要逐步为贫困地区构建起现代产业发展新体系，实现可持续的产业发展。

1.创新改造传统产业

传统产业未必就是夕阳产业，只要能够保持持续不断的创新动力，传统产业依然可以焕发青春，同样可以让困难群众致富并带来生态效益。因此，必须对传统产业进行创新性改造。目前，传统产业在我国经济中占有绝大比重，仍然是我国工业的主体，也是我国参与国际竞争的比较优势所在。习近平总书记指出："传统产业是经济的基础，现在仍有很大的发展潜力和空间，需要继续促进其发展。"他强调："许多传统产业是不可替代的，而且高新技术产业的快速发展仍要靠传统产业集聚的财力和物力来支撑。"但传统产业具有传统技术生产传统产品，投入高，消耗大，污染重的特点。而培育脱贫产业，必须规避高能耗、高污染、毁生态、再致贫的产业，走可持续发展之路。为此，要用先进适用技术和高新技术改造传统产业，特别是加工工业，促进产业升级，这是我国工业结构调整的主要途径，也是保持我国经济持续快速健康发展的重要基础。

2. 发展现代服务业

现代服务业是以信息技术、现代管理理念、现代经营方式和现代组织形式为支撑的服务业形式，发展现代服务业的本质是实现服务业的现代化。由于受到资源等因素的制约，目前我国服务业在结构和供给总量上都存在很大的问题，服务业的潜能一直没有被有效地释放。因此，要进一步促进现代服务业、高附加值的生产性服务业和生活性服务业的发展，不断加快生产性服务业和生活性服务业的优化升级，为困难群众培育可持续发展的现代服务业。

3. 培育新兴产业

新兴产业代表着经济和社会的发展方向，是解决资源短缺、环境污染、人口膨胀、生态退化，实现经济可持续发展的根本出路。国务院发布的《关于加快培育和发展战略性新兴产业的决定》提出了"重点培育和发展节能环保、新一代信息技术、生物、高端装备制造业、新能源、新材料、新能源汽车等产业"。习近平总书记提出，要着力培育战略性新兴产业。未来产业扶贫要实现持续性脱贫和致富最为关键的一点就是，必须走生态保护之路，必须将"生态保护+新兴产业发展"作为产业扶贫的新方向。

（三）推动发展"绿色产业＋扶贫脱贫"

生态环境是贫困地区最突出的优势，如果这个优势也失去了，那么贫困地区在整个社会经济发展中的吸引力就更无法和城市或发达地区相比，所以未来在贫困地区开展新一轮的产业扶贫时，决不能忽视绿色发展。金山银山换不来绿水青山，但是追求绿水青山，能带来金山银山。发展地方经济不能竭泽而渔，在贫困地区开展产业扶贫更要从绿色中发展价值，从绿色中提升价值，因为这才是最根本、最理想、最持久的方式。

绿色发展理念应贯穿于精准扶贫全过程，把发展绿色经济作为推进精准扶贫工作的重要抓手，是推动贫困县乡实现永续发展和贫困地区群众精准扶贫的需要。多年来的扶贫实践表明，贫困地区的贫，既有该地区历史、民族、政治、社会及自身条件等方面的因素，也与该地区的自然环境密切相关，生态环境差是造成其贫困落后的重要原因之一。我们在推进精准扶贫工作时不仅要防止和纠正不作为、乱作为，而且必须坚持绿色发展理念，使该理念真正"落地"，成为人们的行动纲领，使贫困地区和扶贫对象具备内生发展动力，实现可持续、可复制的"造血式"精准帮扶。

二、绿色产业扶贫探索与创新

生态扶贫是基于贫困地区与重点生态功能区的地理空间重叠、项目实施区域重叠和发展目标一致而形成的，是"创新发展、协调发展、绿色发展、开放发展、共享发展"五大发展理念在扶贫开发领域的具体体现，是一种新型可持续的扶贫模式，侧重于生态环境与经济发展的协调统一，旨在在生态建设与保护中实现减贫，在减贫中保护生态环境。为了强化贫困地区的生态建设，推动贫困地区的可持续发展，在当前和今后一个时期内，我们要一直以生态保护和特色产业为发力点，努力实现绿色发展与精准扶贫的"双赢"。产业扶贫与绿色生态扶贫的有效结合主要依赖于两个路径：一是依托当地自然资源发展环境友好型、生态友好型产业；二是对生态基础差的地区进行逐步改善。

（一）我国绿色产业扶贫的探索

多年来，我国通过开展退耕还林、退牧还草、风沙治理、石漠化治理等手段在全国范围内开展生态脆弱区域的生态重建工作。例如，在西藏等地开展生态补助试点工作，保护藏族聚居区的草场资源，涵养水土；实施三江源生态保护和建设工程，通过生态移民、退耕还草、生物防治等一系列措施，加强三江源的生态保护；面对风沙问题，组织实施京津风沙源治理工程，在"三北"防护林的建设基础上，大力发展"三北"地区的农林生态特色产业，将生态建设与经济发展有机结合在一起；在滇桂黔石漠化片区，通过实施岩溶地区石漠化综合治理工程，进行封山育林育草、人工植树种草，发展草食性畜牧业与经济作物种植，并通过小型水利水保设施建设与地表改造以解决石漠化地区水土涵养问题，从而实现石漠化综合治理与产业发展和扶贫开发相结合。此外，政府在各地进行生态补偿机制的试点探索，尤其是天然林保护、湿地保护与恢复、野生动植物保护和自然保护区建设。

生态产业以绿色为主色调，以生态资源的持续利用为根本，以环境友好为发展前提，对生态资源实施可持续发展的产业化经营，以带动区域经济发展和贫困人口增收致富。生态产业扶贫是生态扶贫的较高形态，是在充分满足当地人自用性实物资源的基础上实施的规模化、产业化开发，是消费市场对绿色生态产品需求不断提升的结果。有机农业与有机农产品开发、生物资源开发、生态农业及其加工、传统民间工艺品的绿色化开发等均属于生态扶贫产业范畴。

林下经济是生态产业扶贫的典型，是实施林业重点工程后快速发展的一种产业形态，也是国家为巩固退耕还林成果和天然林保护工程所重点支持的一个产业项目。林下经济是指以生态学、经济学和系统工程为基本理论，借助林地的生态环境及景观资源，开展林下种植、林下养殖、林下产品初级加工、林下休闲旅游等的一种复合生产经营活动。生态旅游（及乡村休闲旅游）是生态扶贫产业的重要组成部分，也是一个快速发展的产业，旅游的吃、住、行、游、购、娱等活动对旅游区相关产业发展带动作用明显。

（二）绿色产业扶贫创新

为了构建具有各地特色的绿色产业体系，把绿色发展与精准扶贫结合起来，还需重点围绕以下几个方面进行探索与创新。

1. 推进传统农业提档升级，增强农业提质、农民增收的持续力

第一，强化龙头带动，积极推进特色产业集群建设。扶持发展一批农业产业化龙头企业，延伸现代农业产业链条。鼓励企业在重点村建设产业基地，为贫困农民提供技术、市场、信息等服务，优先吸纳安置贫困劳动力就业，优先收购贫困农户的农副产品。通过订单农业、保护价收购、股份合作、二次分配、直补等多种联结方式，与农户建立分工协作、利益共享的合作关系，促进企业和贫困农户结成利益共同体，实现农户和龙头企业的双赢。积极推进产业集群建设，强化产业布局和产品结构调整，引导和鼓励农民以转包、出租、互换、股份合作等形式流转土地承包经营权，促进农业规模经营，在重点领域实现加快发展。

第二，强化品牌塑造，积极开拓贫困地区特色产业市场建设。鼓励国家公职人员走出机关，引导农民组成经纪人队伍，奔赴大城市，开辟食品销售的新途径；以美国、日本、韩国等国家市场为重点，开拓国际市场，拓宽销售渠道。构建深化市场、基地、农户和经纪人四位一体的产业化经营模式，加大"农超对接""农校对接"和"农企对接"的力度，扩大农产品集散和销售的覆盖面，实现市场和产业的共同发展，推动产业集聚。充分利用网络平台、专卖店等销售平台，大力发展电子商务和实体销售网络。

2. 发挥贫困地区生态文化优势，提高旅游产业的扶贫拉动力

第一，着力打造休闲旅游产业，形成片区致富的支柱产业。具体来说，以加快旅游业转型升级为主线，将生态、文化旅游业的发展作为片区带动扶贫的突破口，整合开发旅游资源，突出"红""绿"等旅游文化品牌，提升旅游产品品位。积极推进精品旅游线路交通建设，提升旅游景区的运输能力；建设和完善景区道路、通信、供水、供电等基础设施和垃圾、污水收集处理设施。完善景区信息服务、餐饮等游客服务设施和功能，提升整体服务能力和水平，增强景区的信息化技术应用能力，完善景区标识的系统建设。

第二，抓好特色旅游商品的研发，不断扩大国内外市场份额。充分利用文化资源优势，以文化挖掘和技术创新为中心，开展特色旅游商品的开发和研制，提高旅游商品设计和生产能力，提升旅游商品的文化特色和艺术价值。扶持旅游商品生产骨干企业，建立旅游商品研发基地。依托生态旅游资源和特色产品品牌，举办有影响力的商务洽谈、产品展销和节庆活动。

第三，培育重点扶贫企业，加快形成多元的休闲产业形态。以文化旅游、创意体验、博览交易、养老保健等为支撑产业，着力进行文化溯源、产业观光、生态休闲、创意体验四大旅游品牌建设，把山水、民族特色等生态和文化资源与循环经济产业、现代农业示范产业等有机结合，打造新型经济业态。

3. 深化区域合作，构建绿色产业扶贫的多点支撑

第一，打破行政区域壁垒，激活绿色产业扶贫的区域协同力。积极尝试在政府合作、资源共享、经验推广等方面建立通畅高效的沟通渠道。

第二，加强产、学、研结合，提升绿色产业扶贫的科技支撑力。依托农业高等院校和科研单位，建立"没有围墙"的地区开发研究院，为该区域培养高技能型人才。支持大专院校和科研单位与园区或基地所在地的龙头企业和地方业务部门共同申报科技支撑计划项目或重大创新项目，并给予优先资助。以技术研发为依托，以特色产业为抓手，着力建立绿色产业孵化区。

第三，支持产业战略联盟，增强绿色产业扶贫的市场竞争力。大力推进山区特色产业技术创新战略联盟建设，促进山区科技创新要素向产业转移，向企业聚集。

（三）绿色产业扶贫的主要形式

1. 以林业为重要载体的绿色产业扶贫

通过发展木本油料等特色林果，探索特色产业精准扶贫新模式。统筹利用国家林业重点工程、农发林业示范项目及金融产品等资金，重

点打造利益联结模式，保障建档立卡的贫困户从种植木本油料中获得收益。通过推进大规模国土绿化行动，拓宽生态产业带动脱贫的新渠道。

2. 以金融、电商为平台助推绿色产业扶贫

对于自然条件较差、产业基础薄弱的贫困地区来说，信贷资金的"输血供氧"至关重要。面对扶贫的硬骨头，金融扶贫正在突破以往各自为政的桎梏，如今地方政府、金融监管部门、银行机构发挥各自所长，形成合力，共同致力于扶贫攻坚工作。金融精准扶贫紧抓龙头企业，发挥农业专业合作社、家庭农场等新型农业经营主体的带头作用，捆绑帮扶贫困户，能起到事半功倍的效果。

电商扶贫将是县域经济绿色崛起的新引擎。电商扶贫的引擎作用主要体现在以下四个方面。一是补齐短板，夯实产业发展的基础。农产品卖难买难的根本原因在于市场信息不对称和物流交通不便利。鉴于此，要大力推进电商平台和基层物流建设，尽快建成商品贸易、技能实训、创业就业等多功能、多业态县级电商产业园，并建立农产品仓储物流配送中心、乡镇电商孵化基地、乡镇电商服务站、村级电商服务点，形成县、乡、村三级电商扶贫服务网络，解决交通、信息问题，开拓农产品的销路，为贫困户找到出路。二是无缝对接，激发传统产业的活力。依托电商扶贫服务网络，不断加强产品供销对接和整体品牌营销，延伸产业链条，推动传统产业转型升级。三是示范带动，增强大众创业的氛围。县级政府要抓住"大众创业、万众创新"的契机，大力引导广大群众加入"互联网+合作社+基地+农户+配送"这一电商扶贫链条中开展创业，并选树贫困户、残疾人等电商创业就业典型，引导全民创业。四是跨越升级，提升绿色发展的境界。为保证土特产产品质量，县级电商要大力推广产品溯源系统，网上卖出的每件农产品，都能根据视频监控追根溯源。

3. 绿色产业扶贫的其他存在形式

除林业、金融、电商等绿色产业扶贫形式以外，还有构树产业扶贫、光伏产业扶贫、健康产业扶贫等多种形式。这些形式在兼顾生态、

产业和减贫等多重目标的前提下，可以促进贫困地区产业发展，带动贫困户参与并分享产业发展效益。例如，绿色扶贫计划支持下的新疆和田地区红柳大芸种植项目，具有开辟沙漠新产业、带动区域经济发展、农户减贫、储备和保护耕地等经济、社会和生态效益，探索出一条"以绿养绿"的可持续发展之路。

三、未来产业扶贫的创新模式探索

从产业扶贫当前的发展趋势来看，结合"互联网+"、大数据、高新技术等的扶贫方式逐渐成为主要趋势。例如，电商扶贫、构树扶贫、光伏扶贫等都是我国扶贫发展的一些新机制，拥有很好的发展前景。一些地区已经开始尝试"公司+农户+互联网+产业"的运作模式，将各种最新的科学技术、物联网技术、互联网技术等综合运用到产业扶贫过程中去。实际上，这一趋势预示着扶贫越来越信息化、精准化、高效化。互联网、大数据的加入，让产业扶贫在收购、加工、生产、销售等多个环节都获得了更高的效率和效益。因此，也能更大程度地惠及更多的贫困人口。

（一）未来产业扶贫创新模式的探索

1. "生物质能源产业＋扶贫"的产业扶贫模式

在国家政策的大力支持下，生物质能源产业在发展实践中已被证实可承担精准扶贫的重大责任与使命。生物质能源产业具有技术密集和劳动密集相结合的特点，历经两个"五年规划"的发展，现已成长为具有明显发展优势的战略性新兴产业。目前，我国完全自主创新的生物质能源技术已处于世界领先水平，可生产出电能、热能、燃气、燃油等高品质、高清洁能源商品。我国是农林业大国，每年约产生12.5亿吨农林业废弃物，将其作为生物质原料生产可再生能源商品，可节约使用约7亿吨标准煤，减排二氧化碳14亿吨，带动3 000多万农村劳动力就业，经济效益、生态效益及社会效益均十分显著。若对我国现有的林地、宜林地及耕地等进行科学、高效的经营管护，每年产生的总生物量约相当于55亿吨标准煤，将其全部应用于生物质能源产业，则可带动8 000多万农村劳动力就业。

2. "绿色产业＋金融"的产业扶贫模式

实施绿色产业精准扶贫离不开金融创新的支持。金融扶贫的"造血"功能就是让信贷资金在贫困地区生根发芽，实现商业性与普惠制的有机结合。然而绿色产业大都有前期投入大、回报周期长的特点，难以受到短期获利资本的青睐，加之社会担保体系不健全，信贷资金成了看得见摸不着的影子。这就需要加快金融扶贫产品和服务方式创新，寻找金融支持与绿色产业发展的契合点。根据不同产业发展的模式和特点，探索"农村承包土地经营权抵押贷款""保险+信贷""担保基金+贫困户+贴息"等创新模式，打造"运血"的毛细组织，提升信贷的可及性；同时，积极推进互联网金融、农村电商、农业发展基金、生态补偿基金等新型金融产品和服务模式在金融扶贫工作中先行先试，拓展扶贫资金渠道和资源。

3. "政府＋龙头企业＋产业基地＋贫困户"的产业扶贫模式

贫困地区产业的发展离不开龙头企业的带动，因此，推进产业扶贫要重视新型经营主体的带动作用。要创新机制，鼓励种养大户、农民合作社、龙头企业等新型经营主体与贫困户建立稳定的带动关系，向贫困户提供全产业链服务。未来，产业扶贫要把扶贫与产业开发、城镇化建设结合起来，探索"特色基地/规模园区/专业村群+扶贫龙头企业+专业合作社+贫困户"的产业链式扶贫新机制，扩大农户参与、选择扶贫项目的自主权，不断完善地方特色优势产业支持政策，构建面向市场的、具有竞争力的农业产业化扶贫运作体系，把扶贫资金真正落实到每村每户的产业项目上。

4. "科技＋产业＋电商平台"的产业精准扶贫模式

通过种养殖产业电商化，推进产业扶贫的快速发展。重点把科技扶贫和劳动力培训作为产业扶贫模式创新的突破口，将先进养殖品种、科学饲养管理、电商营销模式运用于发展养殖产业。即建立标准化养殖基地,配备优质品种,同时配以高水平的饲养管理水平,并配备专门的技术团队,依托专门的电商公司和村级电商服务站扩大养殖产业的销售出路。以上这些环节构成了一条龙特色产业链,可以促进产业化经营与扶贫开发的有效对接,有效带动贫困村、贫困户摆脱贫困,提高当地养殖产业的科技水平和规模效益。

5. "农光游一体" 的新型特色产业扶贫模式

"农光游" 新型产业发展模式实现了农业、光伏、旅游的有机结合,将绿色环境、绿色产业、绿色生活融为一体,实现了 "上方光伏发电、下方农作物种植、全方位观光旅游" 的一体化发展,形成了 "绿色创新" 精准扶贫的新格局。具体来说,该产业充分利用土地资源和太阳能资源,打造供当地及周边市民进行采摘、观光度假的休闲乐园,推动当地旅游业的发展,进而持续解决贫困人口就业问题,调动贫困人口创收的积极性,提高贫困人口的收入,实现贫困人口致富。

6. "交通＋特色产业" 的产业扶贫模式

我国贫困地区经济发展水平参差不齐,发展基础差异较大,交通扶贫投资政策要在国省干线公路、农村公路、农村客运站点等方面因地制宜、精准施策,以进一步加强贫困地区交通基础设施建设,提升其运输服务能力和水平,强化其安全保障能力和管理效能。通过改善贫困地区的交通基础设施,处理好交通和特色产业发展二者之间的关系,帮助贫困地区努力突破交通瓶颈,大力发展特色经济。例如,农村电商的快速发展对农村交通状况提出了新要求,河北、山东等省政府为了实现农村电商全覆盖,通过 "交通+电商快递" 的模式,助力农村发展。

(二) 各地方产业扶贫创新模式的探索

全国各地都在积极探索产业扶贫的新模式。

四川省绵阳市梓潼县探索出了 "政府+龙头企业、金融、合作社、农场主、贫困户及贫困村" 的 "1+5" 产业扶贫新模式。具体做法为:县委、县政府是产业扶贫的组织者,负责制定规划、搭建平台、整合项目、落实政策,正大集团制定生猪养殖标准,全程提供生产原材料和技术服务，回收产品，实现了生猪扶贫产业转型升级；金融部门通过为贫困户提供全程金融服务，破解了扶贫筹资难题；扶贫专业合作社通过健全合作社章程，构建利益分配机制，选择经理人经营管理，真正成为产业扶贫的主体；农场主通过流转土地，连片种植果园，消纳生猪粪便，成为种养结合、生态循环的关键；贫困户用扶贫贷款折股入社，贫困村集体用扶贫周转金入股，按股分红。

江西省赣州市会昌县采取"政府+金融机构+龙头企业（合作社）+贫困户"的模式，为贫困户提供增收渠道。具体做法为：贫困户直接向金融机构申请农民住房产权抵押贷款，所贷资金投入龙头企业（合作社），获得入股分红；或采取由金融机构以最优惠的政策向龙头企业（合作社）发放产业扶持贷款，龙头企业（合作社）根据获得的信贷规模，并按照一定的标准，履行精准扶贫义务，会昌县按贷款金额的年利率为龙头企业（合作社）提供利息补贴，龙头企业（合作社）按贷款本金计利每月对贫困户进行保底分红。如果贫困户的土地在龙头企业（合作社）规划区内，且愿意流转的，龙头企业（合作社）要按最优惠的价格全部进行流转，增加贫困户的土地流转收入；对有劳动能力和劳动愿望的贫困户且愿意到龙头企业（合作社）务工的，龙头企业（合作社）在用工需求范围内，要优先吸纳贫困户劳动力到企业务工，增加贫困户的务工收入。

广西壮族自治区南丹县积极探索产业扶贫新模式，针对不同合作主体，创新推行五种不同的扶贫新模式。五种产业扶贫新模式包括："核心示范区（景区）+贫困户"的产业牵动型扶贫模式、"龙头企业+贫困户"的产业带动型扶贫模式、"农民专业合作社+贫困户"产业互助型扶贫模式、"能人大户+贫困户"产业联动型扶贫模式、预期价格补贴（风险补偿）产业模式。这些扶贫新模式带动贫困户参与产业发展相关环节和生产经营活动，精准有效地帮助贫困户获得稳定收益，实现致富。

总体来说，全国各地都在积极探索产业扶贫的新模式，联户经营型、股份合作型、专业合作型、基地规模型、企村共建型、土地流转型、租赁经营型等多种产业扶贫新模式在各地如火如荼地开展着。如何结合当地实际情况加以创新，还需不断实践。

（三）未来推进产业扶贫理论和实践创新的三个方面

1. 全方位、多层次地开发利用资源

既要充分依托传统资源，又要打破一般种植业、传统农业的局限，另辟蹊径，深度开发本地区独有的红色资源、绿色产品、特色产业，优化配置本地区特有的特色民俗民风、秀丽山水风光、优质生态等资源要素，不断培育本地区产业发展的新增长点。

2. 多形式、多渠道拓展扶贫产业对贫困人口脱贫的辐射带动功能

产业扶贫的核心是提高贫困人口的参与度和获得感，为此，应该从贫困人口的文化素质、发展能力参差不齐的实际出发，设计符合贫困人口特点的参与模式和利益分配方式，既要努力避免只有简单利益回报而把贫困人口游离于产业发展过程之外的情况，也要有效防止出现侵吞扶贫资源、侵害贫困人口利益的情况，确保扶贫产业实现多元化、包容性发展。

3. 产业扶贫要更加注重政府扶持和市场机制的有机结合

在产业扶贫中，政府的支持具有基础性作用，在不断加大财政扶持力度的情况下，要注意产业发展的根本要靠市场，即产业扶贫必须遵循经济规律、市场规律。产业扶贫可以通过完善生产经营体制，延伸产业化链条，未雨绸缪地防范市场风险，来确保扶贫产业的可持续发展。

第五章　精准扶贫的实践路径

精准扶贫的核心内容是做到"六个精准"，就是要对具体贫困人口的致贫原因进行细致分析，在此基础上，通过实施针对性措施，消除贫困人口发展的致贫阻碍，实现贫困人口的稳定脱贫。贫困的多维特性决定了贫困治理手段的多元化。

第一节　教育扶贫

教育扶贫就是营造起扶贫、扶志、扶智的环境，解决人的脱贫素质问题，转变一些贫困人群的"等、靠、要"观念，引导贫困农民家庭主动谋求发展脱贫致富。《中共中央国务院关于打赢脱贫攻坚战的决定》中，教育扶贫被赋予了"阻断贫困代际传递"的使命，其实现路径被描述为"让贫困家庭子女都能接受公平有质量的教育"。

一、教育扶贫的主要措施

党和国家高度重视教育扶贫工作，将教育扶贫作为农村贫困治理的重要策略。2012年12月，习近平总书记到河北阜平县考察扶贫开发工作时指出："治贫先治愚。要把下一代的教育工作做好，特别是要注重山区贫困地区下一代的成长。下一代要过上好生活，首先要有文化，这样将来他们的发展就完全不同。义务教育一定要搞好，让孩子们受到好的教育，不要让孩子们输在起跑线上。古人有'家贫子读书'的传统。把贫困地区孩子培养出来，这才是根本的扶贫之策。"①2013年11月，习近平总书记同菏泽市及县区主要负责同志座谈时指出："要紧紧扭住教育这个脱贫致富的根本之策，再穷不能穷教育，再穷不能穷孩子，务必把义务教育搞好，确保贫困家庭的孩子也能受到良好的教育，不要让孩子们输在起跑线上。"②

实施精准扶贫方略后，国家把教育扶贫摆在更为突出的位置，将教育扶贫作为促进贫困人口精准扶贫的重要途径，实现"发展教育脱贫一批"。

在教育扶贫领域，教育部等部门印发了《边远贫困地区、边疆民族地区和革命老区人才支持计划教师专项计划实施方案》（教民〔2012〕6号）、《关于实施面向贫困地区定向招生专项计划的通知》（教学〔2012〕2号）、《关于全面改善贫困地区义务教育薄弱学校基本办学条件的意见》（教基—〔2013〕10号）、《关于制定全面改善贫困地区义务教育薄弱学校基本办学条件实施方案的通知》（教基—厅函〔2014〕26号）、《普通高中建档立卡家庭经济困难学生免除学杂费政策对象的认定及学杂费减免工作暂行办法》（教财厅〔2016〕4号）、《关于进一步扩大学生营养改善计划地方试点范围实现国家扶贫开发重点县全覆盖的意见》（教督厅函〔2016〕6号）等一系列政策文件。实际上，国家实施精准扶贫方略后，教育部等涉及教育扶贫的相关部门就采取超常规举措，精准聚焦贫困地区，启动实施教育扶贫全覆盖行动，先后组织实施了多项教育扶贫政策措施，实现了贫困地区义务教育普及、学校基础设施建设、学生资助体系、教师队伍建设、民族教育发展、职业教育提升等领域的教育扶贫全方位覆盖，逐步构建了教育扶贫、教育脱贫的政策体系。

---

① 习近平论扶贫工作——十八大以来重要论述摘编 [J]. 党建，2015（12）：5-7.

② 习近平论扶贫工作——十八大以来重要论述摘编 [J]. 党建，2015（12）：5-7.

（一）实施"国家贫困地区义务教育工程"

为了帮助贫困地区加快实施普及义务教育，国家教委和财政部在1995—2000年组织实施了第一期"国家贫困地区义务教育工程"（以下简称"工程"），这是改变贫困地区教育面貌，缩小教育差距，促进义务教育均衡发展的重要举措之一。

（二）对口支援，扶持贫困地区义务教育

发达地区对口支援贫困地区，是扶持贫困地区普及义务教育和提高教育教学质量的重要形式，有利于缩小发达地区与贫困地区的教育差距，促进教育与经济的协调发展。为对口支援贫困地区的义务教育事业，国家出台了一系列教育扶贫政策，地方政府亦积极响应，有力地配合支援贫困地区义务教育的发展。

（三）开源节流，资助贫困地区义务教育

经费短缺一直是贫困地区义务教育落后的根本原因之一，基于此，拓宽渠道、开源节流，加大为贫困地区提供经费资助的力度，是促进贫困地区普及义务教育的重要途径。

二、教育扶贫的挑战与对策

教育扶贫是我国扶贫开发的重要组成部分，对贫困地区的教育事业发展和全面建成小康社会有重要的意义。教育扶贫具有双重含义，教育既是扶贫的对象，也是扶贫的手段。前者是指贫困家庭因子女教育投资过大而陷入贫困或返贫，即因学致贫、因学返贫；后者是指贫困人口通过接受教育和技能培训，获得人力资本水平提升后，可以逐步实现摆脱贫困和自我发展的过程，即通过教育扶贫阻断贫困的代际传递，也就是"通过教育来扶贫"。党的十八大以来，国家教育部门采取超常规政策措施，启动实施教育扶贫全覆盖行动，并取得了积极成效。同时，当前的教育扶贫也存在一些问题和挑战。

（一）教育扶贫的挑战

1. 教育致贫的问题依然存在

我国教育部门在全面实施精准扶贫精准脱贫后，实施了教育扶贫全覆盖行动，基本形成了各教育阶段的贫困生资助政策体系，因学致贫、因学返贫现象得到了极大的控制。然而，当前在高等教育阶段仍存在一定的因学致贫问题。随着我国教育的市场化发展，接受高等教育的门槛大幅降低，高等教育也不再是免费教育，学费、生活费等教育花费日益提高，有子女接受高等教育的家庭教育刚性支出越来越大。在贫困地区，如果有两个或两个以上子女同时接受高等教育，该家庭就极其容易陷入支出型贫困之中。家庭为了支付子女在大学的学费和生活费，最大限度地压缩其他方面的家庭支出，从而陷入贫困之中。尽管这类支出型贫困是由短期性的过大支出造成并随着子女大学毕业找到工作后会自然缓解，但是因学致贫问题的累积也会影响到贫困家庭的自我发展能力，可能会导致贫困家庭形成长期性贫困，如父母非常努力地赚钱供子女上大学可能会引发因病致贫，或者抑制家庭扩大再生产的投资，使得家庭失去发展机会。

2. 优质教育资源的非均衡配置问题

在常态发展下，教育资源的配置与地方财政、经济发展、历史传统等诸多因素相关。在现实中，贫困地区的教育资源和教育水平远落后于发达地区。在政府主导的教育扶贫行动中，尽管通过优质学校与贫困地区学校的结对帮扶、教育信息化建设，能够提升贫困地区的教育水平、促进教育资源的均衡配置，但其作用仍然有限。在劳动力市场化中，福利待遇高、基础设施好的优质学校往往对优秀教师的吸引力更强，贫困地区学校的师资力量往往远薄弱于优质学校。在贫困地区的学校中，很难留下优秀的教师。促进优质教育资源在贫困地区与非贫困地区之间的均衡化配置，仍是贫困地区教育扶贫乃至教育发展面临的重要挑战。

3. 贫困地区教育的发展缺乏动力

贫困地区的教育发展在教育经费、教师水平、生源质量等方面与发达地区存在较大的差距。不管是解决因学致贫问题，还是教育服务均衡化问题，都需要加快贫困地区各级教育的发展步伐。然而，贫困地区的教育快速发展缺乏持续动力。这是因为，随着人们生育观念的改变，贫困地区小学、初中的学生规模日益减少。贫困地区的教育发展特别是针对贫困地区农村的教育发展面临着因生源日益减少而缺乏动力的挑战。贫困地区农村往往比较分散，因农民生育率下降，村庄适龄儿童越来越少，一些贫困地区农村小学或初中，建起来后没使用几年就因村庄入学适龄儿童少或是大部分学生到其他条件好的学校就学而失去使用价值。另外，基于提升教育品质和入学适龄儿童减少等因素而开展的"撤点并校"改革在贫困地区的实施，尽管能维持学校学生的原有规模甚至超出原有规模，学校的教育设施建设等方面也进入快速推进阶段，但是该教育发展是建立在大大增加农村子女入学成本的基础上的。例如，在偏远的农村地区，一些学生需要步行5千米以上才能从家里到达学校，一些家长为孩子能安心学习，放弃外出打工的机会而来到子女学校所在地租房陪读。

（二）完善教育扶贫的建议

1. 推进政府与社会合作，完善教育扶贫制度

随着多项教育扶贫政策的密集出台与实施，以及各类型资助体系的健全与完善，我国"因学致贫"问题得到较大的解决。然而，随着我国教育市场化的深入发展，高等教育阶段的教育成本日益提高。一些农村贫困家庭虽解决了基础教育阶段的因学致贫问题，但当进入招生规模日益扩大的高等教育学校学习时，往往因为教育投资过大而陷入支出型贫困之中。从生源地的教育扶贫角度看，可以通过引导社会慈善机构与政府合作共同扶持因上大学致贫等贫困家庭加以解决。同时，为了实现教育资助的可持续性，也可以通过设立教育基金，做好教育基金资金保值增值。

2. 促进教育资源分享

贫困地区与非贫困地区教育水平和教育资源的差距有其现实基础。促进教育服务均等化，除了加快贫困地区教育发展化，也可以通过在教育信息化基础上的教育资源共享、抽调优秀教师去边远贫困地区支教等

方式使贫困地区能够分享发达地区的优质教育资源。

第二节　健康扶贫

一、健康扶贫的实践演进

帮助贫困人口解决因病致贫、因病返贫问题是健康扶贫的核心内容。即实施健康扶贫就是要抓住因病致贫、因病返贫这个"牛鼻子"，瞄准贫困家庭因病致贫、因病返贫的原因，整合现有各类医疗保障、资金项目、人才技术等资源，采取更加有效的政策措施，综合施策，精准施策，切实拔掉因病致贫、因病返贫问题的"病根"，提升健康扶贫整体效果。其中，健康扶贫实施的着力点在医疗卫生领域。

（一）计划经济时期的合作医疗实践

1.计划经济时期合作医疗的性质及内涵

根据我国政府1979年颁布的《关于农村合作医疗章程（试行草案）》可知，农村合作医疗指人民公社社员依靠集体力量，在自愿互助的基础上建立起来的一种社会主义性质的医疗制度，是社员群众的集体福利事业。一些学者认为合作医疗是在人民公社范围内实施的社会主义性质的医疗制度或福利事业，我国农村合作医疗是农村自发创造的集体医疗保障制度。在内容上包括：以生产大队为单位，通过合作的方式解决医疗费用问题，即生产队和合作社是出资的主体，农民基本上不出资或只缴纳小额费用；培养赤脚医生等非专业的村民医务人员来解决医生缺乏的问题，其中医生的报酬主要以工分的形式发放，保健站或医疗室建立和维持的费用从集体公益金中提取；建立村、乡、县三级卫生保健体系以解决医疗的覆盖面和技术问题；重视公共卫生与疾病预防以减少疾病的发生。总的来说，计划经济时期合作医疗的特点是社员每年交纳一定的保健费，看病时只交药费或挂号费，另从人民公社、大队的公益金中补贴一部分。

2.计划经济时期农村合作医疗的变迁

中华人民共和国成立之初，随着各项工作的恢复和发展，卫生机构也逐步得到完善。截至1952年底，我国农村的医疗卫生机构存在多种形式，其中医药合作社是其中之一[①]。例如在东北地区，由合作社经营和群众集资举办的农村医疗机构合计310个，占"全区卫生所总数的17.44%"[②]，这些可以看作是合作医疗的萌芽。

保健药社、卫生合作社和医药合作社是我国早期建立的医疗卫生机构，其共同点是医药合作为民众提供公共医疗卫生服务，医疗费便宜，有利于缓解农村缺医少药问题和抑制疾病流行，受到农民群众的欢迎，开创了农村合作医疗的先河。

20世纪50年代中期，农业合作化运动在我国广泛开展，其中部分农业合作社设立医疗站，其特点是群众缴纳保健费，合作社提供公益金。这是我国合作医疗的雏形，其中以山西省高平县米山乡举办的医疗站最为典型，其做法在全国部分地区得到推广。

1958年8月北戴河会议后，全国农村普遍成立人民公社，合作医疗也随之发展起来。天下第一社——河南遂平县嵖岈山卫星人民公社的合作医疗提出：社员支付规定的费用后，在医疗站就诊"不另交费"[③]。随着人民公社化的实现，合作医疗发展很快，至1958年9月止，河南省农村推行合作医疗的公社占其总数的71.1%[④]。1958年，湖北麻城在全县普遍实行了合作医疗[⑤]。在此期间，山西省稷山县的农村合作医疗最具有典

---

① 李德全.三年来中国人民的卫生事业 [J].人民周报，1952（10）：916-918.

② 张自宽.亲历农村卫生六十年：张自宽农村卫生文选 [M].北京：中国协和医科大学出版社，2011：333.

③ 卫星人民公社试行简章（草案）[N].人民日报，1958-9-4.

④ 人民公社化带来的幸福，河南推行合作医疗制度 [N].人民日报，1958-9-24.

⑤ 沿着毛主席的无产阶级卫生路线前进就是胜利——湖北省麻城县实行合作医疗十年的调查报告 [N].人民日报，1969-1-16.

型性，该县翟店人民公社太阳村首次办起村保健室，于1959年1月正式实行群众交两元保健费，治病时免费的合作医疗，此措施在稷山县普遍推广。1959年12月，全国农村卫生工作会议在山西省稷山县举行，这次会议对合作医疗的做法给予了支持，中央于1960年2月2日批示，同意卫生部关于稷山会议的文件报告，并要求各地"参照执行"。为进一步引起各地重视，中央要求各省、市、自治区要"立即将中央二月二日批示的文件发下去，直到人民公社"①。自此，合作医疗成为我国农村医疗卫生工作的基本制度。

由于中央的重视和"大跃进"的推动，合作医疗发展较快，就全国农村而言，生产大队办合作医疗的比例"1958年10%，1960年32%，1962年46%"②。但是受当时特殊情况的影响，合作医疗普遍实行供给制，平调药品和医疗资金，"看病不要钱"等不切实际的做法，使得合作医疗制度难以正常持久发展，截至1964年底，仍坚持合作医疗的农村社队"不到30%"③。

鉴于农村医疗卫生落后严重和卫生资源过度集中于城市，1965年6月26日，毛泽东强调我国医疗卫生工作的重点是广大农村地区④，"六·二六"指示使我国的农村合作医疗焕发生机，医疗卫生方面的人力、物力和财力很快从城市转向农村，全国农村掀起了群众性办医办药的高潮，赤脚医生成为合作医疗制度的重要支撑者。《人民日报》曾专门开辟专栏讨论合作医疗和赤脚医生问题，所登文章各地报纸纷纷转载。经过毛泽东的批示和各级报纸的大力宣传，全国农村纷纷建立合作医疗机构，到1976年，合作医疗达到鼎盛时期，全国农村的行政村（生

---

① 毛泽东.中央关于卫生工作的指示[J].//建国以来毛泽东文稿（第9册）[M].北京：中央文献出版社，1996：80.

② 王淑军.农村合作医疗五十年的变迁[N].人民日报，2007-11-15.

③ 曹普.改革开放前中国农村合作医疗制度[J].中共党史资料，2006（3）：112-113.

④ 逄先知，冯蕙.毛泽东年谱（1949—1976）第五卷[M].北京：中央文献出版社，2013：506.

产大队）实行合作医疗的比率达到90%[①]。

改革开放之后，随着家庭联产责任制取代人民公社制度，农村合作医疗事业出现严重萎缩。农村合作医疗覆盖率由20世纪70年代末期的90%迅速降低到1985年的5%[②]。据不完全统计，在农村患者中，"该就诊而未能就诊者占22.9%，该住院而未能住院者占23.7%"[③]。到1989年，农村实行合作医疗的行政村仅占全国行政村总数的4.8%，全国90%的农民变成自费医疗群体。究其原因，主要是农村集体经济的瓦解造成了合作医疗经费的短缺，基层政府又难以为其提供有效的财力支持，导致农村福利性的合作医疗难以为继。另外，专业医务人员以及伴随合作医疗涌现的"赤脚医生"不能再依靠工分获得收入，大多数转变成收取服务费和赚取药费的乡村医生；农村劳动力流动加剧，也使得传统农村合作医疗无法有效满足农村流动性人口的医疗需求。伴随着合作医疗制度的衰退，农民健康状况下滑，尤其是中西部贫困地区农民的健康状况不容乐观。医药费增长较快，贫困地区农民增收缓慢，使得农民因病致贫、因病返贫问题日益突出，出现了"小病拖、大病扛、重病等着见阎王"的不利局面。

3. 计划经济时期的合作医疗制度的作用

计划经济时期的合作医疗制度对农村减贫与发展起到了积极的作用。这主要体现在以下三个方面：一是，在较短的时间内实现了农村基层卫生组织普及，使农民初步解决了"看病难"和"看病贵"问题；二是，完成了农村三级医疗预防保健网建设，使规划区分级医疗和计划免疫工作的实施以及健康教育、爱国卫生、妇幼保健、计划生育等工作有了依托，使危害农民最严重的传染病、地方病逐步得到减少或消灭；三是，在较短时间内，显著改善了中国农村少药缺医的面貌，提高了农民群众的身体素质。

---

① 王淑军. 农村合作医疗五十年的变迁 [N]. 人民日报，2007-11-15.

② 王淑军. 农村合作医疗五十年的变迁 [N]. 人民日报，2007-11-15.

③ 张自宽. 亲历农村卫生六十年：张自宽农村卫生文选 [M]. 北京：中国协和医科大学出版社，2011：317.

（二）市场经济时期的合作医疗的实践演变

1. 新型农村合作医疗的概念

农村合作医疗保险是由我国农民（农业户口）自己创造的互助共济的医疗保障制度，在保障农民获得基本卫生服务、缓解农民因病致贫和因病返贫方面发挥了重要的作用。新型农村合作医疗简称"新农合"，是指由政府组织、引导、支持，农民自愿参加，个人、集体和政府多方筹资，以大病统筹为主的农民医疗互助共济制度。它采取个人缴费、集体扶持和政府资助的方式筹集资金。

2. 新型农村合作医疗的特点

新型农村合作医疗与传统的合作医疗相比较，有以下特点：①加大了政府的支持力度，进一步完善了个人缴费、集体扶持和政府资助相结合的筹资机制；②突出了以大病统筹为主，将重点放在解决农民因患大病而导致的贫困问题上，保障水平明显提高；③提高了统筹层次，以县为单位统筹，增强了抗风险和监管能力；④明确了农民自愿参加的原则，赋予农民知情、监管的权力，提高了制度的公开性、公平性和公正性；⑤由政府负责指导建立组织协调机构、经办机构和监督管理机构，并加强对相关机构领导、管理和监督，克服了管理松散、粗放的不足；⑥建立医疗救助制度，照顾到了弱势人群的特殊情况。

3. 新型农村合作医疗的发展历程

20世纪90年代，国家出台一系列政策试图恢复和重建农村合作医疗制度。1991年，国务院批转了卫生部（2013年组建国家卫生和计划生育委员会，不再保留卫生部）等部委提出的《关于改革和加强农村医疗卫生工作的请示》，要求各地稳步推行合作医疗保健制度。1996年12月召开的全国卫生工作会议，把恢复、发展和完善农村合作医疗制度作为一项重要任务提出。1997年1月，中共中央和国务院在《关于卫生改革与发展的决定》（中发〔1997〕3号）中，提出要"积极稳妥地发展和完善合作医疗制度"。然而，重建合作医疗的效果并不明显。据1998年第二次国家卫生服务调查结果表明，农村享有医疗保障的人口比例为12.68%，其中参加合作医疗的仅为6.5%。政府投入力度不足，农民对合作医疗缺乏信心以及合作医疗制度自身设计不完善等原因抑制了20世纪90年代合作医疗的重建效果。

步入21世纪，随着医疗费用的快速上涨，农民"看病难、看病贵"问题更为突出，农民健康问题日益引起重视。2001年国务院办公厅转发国务院体改办（2013年国家体改办的职能并入国家发展和改革委员会）等部门《关于农村卫生改革与发展指导意见的通知》（国办发〔2001〕39号），要求各级地方政府要加强对合作医疗的组织领导，按照自愿参与、因地制宜、民办公助的原则，继续完善与发展合作医疗制度；合作医疗筹资以个人投入为主，集体扶持，政府适当支持，坚持财务公开和民主管理；有条件的地方，提倡以县（市）为单位实行大病统筹，帮助农民抵御个人和家庭难以承担的大病风险。2002年中共中央、国务院发布了《关于进一步加强农村卫生工作的决定》（中发〔2002〕13号），提出各级政府要积极组织引导农民建立以大病统筹为主的新型农村合作医疗制度，重点解决农民因患传染病、地方病等大病而出现的因病致贫、返贫问题；农村合作医疗制度应与当地经济社会发展水平、农民经济承受能力和医疗费用需要相适应，坚持自愿原则，反对强迫命令，实行农民个人缴费、集体扶持和政府资助相结合的筹资机制；要建立有效的农民合作医疗管理体制和社会监督机制；各地要先行试点，取得经验，逐步推广。

2003年1月，卫生部、财政部和农业部联合发布《关于建立新型农村合作医疗制度的意见》指出，新型农村合作医疗制度是由政府组织、引导、支持，农民自愿参加，个人、集体和政府多方筹资，以大病统筹为主的农民医疗互助共济制度；提出到2010年，实现在全国建立基本覆盖农村居民的新型农村合作医疗制度，减轻农民因疾病带来的经济负担，提高农民健康水平的目标，并对新型农村合作医疗原则、组织管理、筹资标准、资金管理、医疗服务管理、组织实施等做出了部署，要求新型农村合作医疗要坚持自愿参与、多方筹资的原则，即农民以家庭为单位自愿参加新型农村合作医疗，遵循有关规章制度，按时足额缴纳合作医疗经费；乡（镇）、村集体要给予资金扶持；中央和地方各级财政每年要安排一定专项资金予以支持。该文件的出台也拉开了我国新型农村合作医疗试点工作的序幕。

2006年1月，卫生部、国家发改委等七部委联合印发的《关于加快推进新型农村合作医疗试点工作的通知》（卫农卫发〔2006〕13号）提出，从2006年起，中央财政对中西部地区除市区以外的参加新型农村合作医疗的农民由每年补助10元提高到20元，地方财政也要相应增加10元；财政有困难的省（区、市），可2006年、2007年分别增加5元，在两年内落实到位；不断完善合作医疗资金筹集和监管机制，如果农民个人自愿，经村民代表大会讨论同意，可以由村民自治组织代为收缴农民的个人缴费。要建立健全既方便农民又便于监管的合作医疗审核和报销办法，实行基金使用管理的县、乡、村公示制度，把合作医疗报销情况作为村务公开的重要内容，探索农民参与监督和民主管理的长效机制。要加强农村医疗卫生基础设施建设，健全县、乡、村三级农村医疗卫生服务体系和网络。把农村卫生服务体系建设纳入"十一五"规划，以加强县、乡医疗卫生机构能力建设为重点，并对中西部贫困地区传染病、地方病重疫区的村卫生室建设给予适当支持。加强农村基层卫生技术人员培训，建立终身教育制度，提高农村卫生人员的专业知识和技能。

2009年3月，中共中央、国务院发布《关于深化医药卫生体制改革的意见》，提出加快推进新型农村合作医疗制度建设，3年内城镇职工基本医疗保险、城镇居民基本医疗保险和新型农村合作医疗参保（合）率要达到90%以上；以提高住院和门诊大病保障为重点，逐步提高政府补助水平，2010年各级财政对新型农村合作医疗的补助标准提高到每人每年120元；建立新型农村合作医疗和医疗救助信息系统建设，实现与医疗机构信息系统的对接等。

2011年，政府对新农合和城镇居民医保补助标准均由上一年每人每年120元提高到每人每年200元；城镇居民医保、新农合政策范围内住院费用支付比例力争达到70%左右。2012年起，各级财政对新农合的补助标准从每人每年200元提高到每人每年240元。农民个人缴费原则上提高到每人每年60元，有困难的地区，个人缴费部分可分两年到位。个人筹资水平提高后，各地要加大医疗救助工作力度，资助符合条件的困难群众参合。新生儿出生当年，随父母自动获取参合资格并享受新农合待遇，自第二年起按规定缴纳参合费用。

2013年9月，国家卫生和计划生育委员会下发《关于做好2013年新型农村合作医疗工作的通知》：自2013年起，各级财政对新农合的补助标准从每人每年240元提高到每人每年280元。政策范围内住院费用报销比例提高到75%左右，并全面推开儿童白血病、先天性心脏病、结肠癌、直肠癌等20个病种的重大疾病保障试点工作。

2014年4月25日，财政部、国家卫生计生委、人力资源和社会保障部发布《关于提高2014年新型农村合作医疗和城镇居民基本医疗保险筹资标准的通知》，规定了2014年新型农村合作医疗和城镇居民基本医疗保险的具体筹资方法，并规定个人缴费应在参保（合）时按年度一次性缴清。

党的十八大以后，农村群众看病就医负担持续减轻。到2018年，我国参加新型农村合作医疗人数达1.3亿，新农合参合率逐步提高。

党的十九大强调：人民健康是民族昌盛和国家富强的重要标志。要完善国民健康政策，为人民群众提供全方位全周期健康服务。根据国家统计局发布的数据，截至2020年底，参加城乡居民社保和医保的人数分别增加了978万人和693万人，其中有3621万人享受农村低保待遇，447万人享受农村特困人员的补助。

建立新型农村合作医疗制度，是新形势下党中央、国务院为切实解决农业、农村、农民问题，统筹城乡、区域、经济社会协调发展的重大举措，对于提高农民健康保障水平，减轻医疗负担，解决因病致贫、因病返贫问题，具有重要作用。

二、健康扶贫的政策体系与内容

（一）健康扶贫的政策体系

我国当前社会，除了贫困人口收入普遍偏低的收入型贫困外，以家庭消费开支为主的支出型贫困类型日益增多。其中因病致贫、返贫以及因学致贫、返贫已经成为当前我国农村贫困的两个重要原因。国务院扶贫办的调查数据表明，在全国7 000多万建档立卡的贫困人口中，因病致贫的占42%，远超其他因素而居首位。

面对新的贫困特点和减贫形势，中央将因病致贫、因病返贫作为解决我国绝对贫困问题、实现全面小康社会的重点任务来抓。因病致贫、因病返贫问题被放在"五个一批"中的"社会保障兜底一批"中。

自2015年3月国家制定"健康扶贫行动"工作方案，2016年1月实施健康扶贫工程以来，各级政府贯彻落实中央精准扶贫、精准脱贫决策部署，制定各种配套的政策措施，主要包括救治政策、公共卫生体系政策、基层医疗救治能力提升政策、医疗保障制度以及行政管理制度等五类政策。2016年6月，国家卫生计生委、国务院扶贫办等15个部门联合发布《关于实施健康扶贫工程的指导意见》，阐述了新阶段健康扶贫的指导思想、目标、原则、重点任务、保障措施、组织实施、分工及进度安排等内容，为全国实施健康扶贫制定了路线图。2016年10月，国家卫生计生委、国务院扶贫办联合印发《关于印发健康扶贫工作考核办法的通知》，对健康扶贫考核的范围、考核内容、考核步骤、考核结果运用等进行了详细规定。2017年4月，为贯彻落实党中央、国务院脱贫攻坚部署和全国健康扶贫工作会议精神，坚决打赢健康扶贫攻坚战，根据《关于实施健康扶贫工程的指导意见》要求，国家卫生计生委、民政部等6部委联合印发了《关于印发健康扶贫工程"三个一批"行动计划的通知》，组织实施"大病集中救治一批、慢病签约服务管理一批、重病兜底保障一批"的"三个一批"行动计划。2019年4月国家卫生健康委、国务院扶贫办联合印发《关于再次调整部分三级医院帮扶贫困县县级医院对口关系的通知》要求，进一步夯实三级医院对口帮扶贫困县县级医院工作，三级医院要根据贫困县县级医院功能定位和建设发展实际，结合当地群众健康状况和医疗服务需求，有效加强贫困县县级医院专科能力建设，提升整体医疗服务能力和管理水平；要充分发挥"互联网+"和远程医疗的积极作用，在贫困县远程医疗全覆盖的基础上，着力拓展远程医疗服务内涵，丰富服务内容。

（二）健康扶贫的政策内容

因病致贫的干预措施包括"事后"干预和"事前"干预两个部分，前者主要指因病致贫或因病返贫后的扶贫措施，后者旨在通过预防性措施防止人们生病并陷入贫困陷阱。从我国健康扶贫政策的内容来看，因病致贫、因病返贫干预政策内容包括了"事后"干预、"事前"干预和提升贫困地区医疗卫生服务能力等部分。

1. 健康扶贫的"事后"干预政策

主要指对患大病和慢性病的农村贫困人口进行分类救治。

一是建立农村贫困人口健康卡，为每位农村贫困人口发放一张健康卡，填入健康状况和患病信息，与健康管理数据库保持同步更新。二是实行家庭医生签约服务，组织乡镇卫生院医生或村医与农村贫困家庭进行签约，按照高危人群和普通人群慢性病患者分类管理，为贫困人口提供公共卫生、慢性病管理、健康咨询和中医干预等综合服务。对已经核准的慢性疾病患者，签约医生或医生团队负责为其制订个性化的健康管理方案，提供签约服务；需住院治疗的患者，联系定点医院确定诊疗方案，实施有效治疗。三是开展农村贫困家庭大病专项救治，按照"三定两加强"（确定定点医院、确定治疗方案、确定单病种收费标准，加强医疗质量管理、加强责任落实），对患有大病的农村贫困人口实行集中救治。四是实行县域内农村贫困人口住院先诊疗后付费制度。贫困患者在县域内定点医疗机构住院可先治疗后付费，定点医疗机构设立综合服务窗口，实现基本医疗保险、大病保险、疾病应急救助、医疗救助"一站式"信息交换和即时结算，贫困患者只需在出院时支付自付医疗费用部分即可。五是在贫困地区推行门诊统筹，提高政策范围内住院费用报销比例。加大医疗救助力度，将农村贫困人口全部纳入重特大疾病医疗救助范围，对突发重大疾病暂时无法获得家庭收入、基本生活陷入困境的家庭加大临时救助和慈善救助等帮扶力度。将符合条件的残疾人医疗康复项目按规定纳入基本医疗保险支付范围，提高农村贫困残疾人的医疗保障水平。

另外，对需要治疗的大病和慢性病患者进行分类救治，能一次性治愈的，组织专家集中力量实施治疗；需要长期治疗和康复的，由基层医疗卫生机构在上级医疗机构的指导下实施治疗和康复管理。实施"光明工程"，为农村贫困人口白内障患者提供救治，救治费用通过现行医保制度等渠道解决，鼓励慈善组织参与。

2. 健康扶贫的"事前"干预政策

一是加快完善基本医保制度，对农村贫困人口实际政策倾斜。新型农村合作医疗覆盖所有农村贫困人口并实行政策倾斜，个人缴费部分由财政给予补贴。加大对大病保险的支持力度，通过逐步降低大病保险起付线、提高大病保险报销比例等，建立基本医疗保险、大病保险、疾病应急救助、医疗救助等制度的衔接机制，发挥协同互补作用，提高贫困人口受益水平。二是加大贫困地区慢性病、穿隆鼻、地方病的控制力度。完成已查明氟、砷超标地区降氟降砷改水工程建设，基本控制地方性氟、砷中毒的危害。采取政府补贴运销费用或补贴消费者等方式，让农村贫困人口吃得上、吃得起合格碘盐，继续保持消除碘缺乏病状态。综合防治大骨节病和克山病等重点地方病。加大人畜共患病防治力度，基本控制西部农牧区包虫病流行，有效遏制布病流行。加强对结核病疫情严重的贫困地区防治工作的业务指导和技术支持，开展重点人群结核病主动筛查工作，规范诊疗服务和全程管理，进一步降低贫困地区结核病的发病率。在艾滋病疫情严重的贫困地区建立防治联系点，加大防控工作力度。三是加强贫困地区妇幼健康工作。在贫困地区全面实施免费孕前优生健康检查、农村妇女增补叶酸预防神经管缺陷、农村妇女"两癌"（乳腺癌和宫颈癌）筛查、儿童营养改善、新生儿疾病筛查等项目，推进出生缺陷的综合防治工作，做到早发现、早治疗。四是实施贫困地区农村人居环境改善扶贫行动，有效提升贫困地区人居环境质量。将农村改厕与农村危房改造项目相结合，加快农村卫生厕所的建设进程。加强农村饮用水和环境卫生的监测、调查与评估，实施农村饮水安全巩固提升工程，稳步推进农村生活垃圾污水治理，综合治理大气污染、地表水环境污染和 噪声污染。五是加强健康促进和健康教育工作，广泛宣传居民健康素养基本知识和技能，提升农村贫困人口的健康意识，使其形成良好的卫生习惯和健康的生活方式。

3.提升贫困地区的医疗卫生服务能力

一是加强贫困地区医疗卫生服务体系建设。按照"填平补齐"原则，实施贫困地区县级医院、乡镇卫生院、村卫生室标准化建设，使每个连片特困地区县和国家扶贫开发工作重点县达到"三个一"目标：每个县有1所县级公立医院，每个乡镇建设1所标准化的乡镇卫生院，每个行政村有1个卫生室；提升贫困地区疾控、妇幼保健等专业公共机构的能力水平；提升中医药服务水平，充分发挥中医医疗预防保健特色优势。二是积极开展全国三级医院与连片特困地区县和国家扶贫开发工作重点县县医院"一对一"帮扶。从全国遴选能力较强的三甲医院与连片特困地区县和国家扶贫开发工作重点县县级医院签订一对一帮扶责任书，明确帮扶目标任务；采取"组团式"帮扶方式，向被帮扶医院派驻1名院长或副院长及相关医务人员进行蹲点帮扶；定期派出医疗队，为农村贫困人口提供集中诊疗服务；采取技术支持、人员培训、管理指导等方式，提高被帮扶医院的服务能力。三是统筹推进贫困医药卫生体制改革。贫困地区可先行探索制订公立医院绩效工资总量核定办法，合理核定医疗卫生机构绩效工资总量，结合实际确定奖励性绩效工资的比例，调动医务人员的积极性；加强乡村医生的队伍建设，分期分批对贫困地区的乡村医生进行轮训；通过支持和引导乡村医生按规定参加职工基本养老保险或城乡居民基本养老保险，以及采取补助等多种形式，进一步提高乡村医生的养老待遇。

三、健康扶贫的挑战与对策

（一）健康扶贫治理存在的问题与挑战

随着我国农村温饱问题的基本解决，近年来贫困现象更多地体现在支出型贫困上。例如，农村家庭或贫困家庭因重大疾病、子女上大学、突发意外事件等原因造成刚性支出过大，远超出家庭的承受能力，导致家庭处于绝对贫困状态。已有研究表明，因病致贫、因病返贫是当前我国支出型贫困的重要类型。从扶贫性质上看，支出型贫困治理属于救济式扶贫的范畴，因病致贫、因病返贫的贫困干预也属于救济式扶贫的范畴。进入21世纪，尤其是党的十八大以来，我国农村扶贫开发逐步将支出型贫困纳入扶贫范畴，并将因病致贫、因病返贫的治理作为扶贫开发的重要内容。其客观基础在于因病致贫、因病返贫已成为我国贫困人口致贫的最普遍原因。从当前扶贫实践来看，我国健康扶贫主要存在以下问题和挑战。

1. 健康扶贫的治理手段仍有待拓展

正如上文所述，健康扶贫属于支出型贫困的治理范畴，且因病致贫和因病返贫已是最为普遍的贫困现象之一。当前我国健康扶贫治理行动主要围绕减少扶贫对象的家庭支出展开，其治理以政府主导，社会力量积极参与。首先，支出型贫困的实质是贫困家庭收入与支出的严重失衡导致家庭陷入困境，而当前健康扶贫治理更多的是从减少支出和降低风险的角度实施，对因病致贫家庭的增收手段缺少应有的关注。其次，健康扶贫治理的主体应是政府和社会，但我国缺乏市场主体参与的政策或制度。因而在因病致贫、因病返贫日益普遍化的情况下，如何通过政策的制定和制度的创新引导市场参与，积极构建政府、市场和社会共同参与的健康扶贫大格局，既是当前健康扶贫治理急需面对的重要问题之一，也是健康扶贫工作深入开展需应对的重要挑战。

2. 健康扶贫治理难以满足流动贫困人口的服务需求

随着我国城乡一体化的深入推进，包括贫困地区在内的农村劳动力的流动日益频繁，越来越多的贫困人口选择跨市县甚至跨省区谋生存、图发展。在这种背景下，外出经商务工农民的治病行为主要发生在其经商务工的城市或集镇，这体现了外出务工人员对医疗保险等健康扶贫政策具有流动性要求。另外，随着农村合作医疗、健康扶贫工程指导意见等政策的出台，以政府为主的贫困干预主体为贫困人口逐步建立密集的社会保护网。然而，因历史等原因，我国医疗保险、医疗救助等社会保障有着明显的区域差异，如城乡区域的差异，一定层级行政区域（如省级等）的差异等。而我国不同区域社会保障水平的高低之别，导致大部分地区的社会保障跨区域衔接推进缓慢，导致很多跨区域流动的贫困人口在迁入地支付医疗费用，在迁出地和迁入地都很难报销的问题。

（二）完善健康扶贫的对策

1.构建政府、市场、社会共同参与、协同推进的健康扶贫格局

健康贫困既有贫困家庭发展能力弱、收入低的原因，也有在社会转型过程中医疗卫生等公共领域市场化改革导致贫困家庭保持健康所需支出大幅增加的原因。根据健康贫困的影响因素，我们可以从以下四个方面来推进健康扶贫工作。①从减少贫困对象的医疗支出、疾病风险防范等角度出发，制定更为完备的健康扶贫制度措施。在降低贫困家庭支出和降低疾病风险方面，既要针对这一贫困群体建立不断完善的医疗救助制度，形成以政府为主导、具有普惠性的医疗保障制度和救助制度，以解决该群体所存在的共性困难；也要以贫困识别为基础，深入分析每个贫困家庭贫困产生的原因，广泛动员社会力量协助政府为每个贫困家庭制定具体的医疗帮扶或救助措施，满足贫困家庭个性化的社会支持需求。②以健康扶贫对象"减少支出、降低风险、增加收入"为目标，构建政府、市场、社会协同推进的健康扶贫格局。在增收方面，将健康贫困家庭扶贫纳入扶贫开发的扶持范畴，以贫困者本人或其他家庭成员的脱贫发展需求为导向，通过有针对性地开展技能培训来提高健康贫困家庭成员的发展技能，通过政策引导市场主体为健康贫困家庭提供相应的就业岗位，通过制定优惠政策为健康贫困家庭提供创业支持。

2.建立健全健康贫困家庭医疗费用跨区域报销机制

以全国贫困人口建档立卡信息系统为基础，使健康贫困家庭的基本情况、疾病类型等信息与各地医疗服务机构共享，稳步推进流动贫困人口在迁入地就医费用就地报销工作。因不同区域报销费用标准不同带来

的报销差额部分，可考虑通过中央政府转移支付等方式进行补偿。

第三节　社会保障

一、社会保障兜底扶贫政策的内涵

（一）社会保障扶贫政策的含义

我国构建的社会保障体系包括社会救助、社会保险、社会福利、社会优抚等内容。其中，社会救助是由国家和社会对因各种原因失去最低生活保障的社会成员给予物质援助，以维持其最低生活标准，保障其最低生活需要的制度。社会保险是以国家或社会为主体，通过立法手段，设立保险基金，在以工资收入为主的劳动者遇到年老、疾病、伤残、失业、死亡等特殊事件时，动员社会力量给予劳动者一定程度的收入损失补偿，保证其及家庭维持基本生活的一种制度。社会救助和社会保险发挥了社会保障的减贫功能。在我国农村减贫体系中，社会救助中的农村最低生活保障、农村五保以及社会保险中的农村养老保险等构成社会保障的减贫制度安排。

（二）社会保障兜底脱贫的政策内容

1. 社会保障兜底脱贫的提出

自20世纪80年代中期我国实施大规模的扶贫开发以来，我国农村贫困治理工作主要可以分为两条并行路径：一条路径是开发式扶贫，即利用贫困地区的自然资源进行开发性生产建设，逐步形成贫困地区和贫困户的自我积累和发展能力，贫困人口主要依靠自身力量解决温饱问题并致富。开发式扶贫的对象是有劳动能力、有劳动意愿的、收入低于国家贫困线的农村居民和家庭。另外一条路径是由民政等部门负责、以社会救助等为核心内容的救济式扶贫制度安排，其救助对象是丧失劳动能力，并在生产生活中需要依靠外部力量接济的农村贫困人口。在两条路径中，开发式扶贫是我国农村贫困治理的主要路径，这一路径主要依托经济高速增长带动、政府大规模投入、扶贫对象自我努力，使农村减贫工作取得巨大的成就，使贫困人口持续大规模减少。但是随着我国农村减贫事业的推进，有劳动能力的扶贫对象日益减少，丧失劳动能力的贫困人口占总贫困人口的比例相对提高。开发式扶贫很难使这些"最贫困"的农村人口有效摆脱贫困。

习近平总书记在主持召开中央扶贫工作会议中强调，要解决好"怎么扶"的问题，按照贫困地区和贫困人口的具体情况，实施"五个一批"工程……五是社会保障兜底一批，对贫困人口中完全或部分丧失劳动能力的人，由社会保障来兜底，统筹协调农村扶贫标准和农村低保标准，加大其他形式的社会救助力度。要加强医疗保险和医疗救助，新型农村合作医疗和大病保险政策要对贫困人口倾斜。

2. 社会保障兜底脱贫的政策内容

实行农村最低生活保障制度兜底脱贫，通过完善农村最低生活保障制度，对无法依靠产业扶持和就业帮助脱贫的家庭实行政策性保障兜底；将所有符合条件的贫困家庭纳入低保范围，做到应保尽保；加大临时救助制度在贫困地区的落实力度；提高农村特困人员的供养水平，改善供养条件；加快完善城乡居民的基本养老保险制度，适时提高基础养老金标准，引导农村贫困人口积极参保续保，逐步提高保障水平；制定农村最低生活保障制度与扶贫开发政策有效衔接的实施方案，建立农村低保和扶贫开发的数据互通、资源共享信息平台，实现监测管理动态实时、工作机制有效衔接。

在社会救助资源统筹上，积极推动农村最低生活保障制度与医疗救助、教育救助、住房救助、就业救助等专项救助制度衔接配套，专项救助在保障低保对象的基础上向低收入群众适当延伸，逐步形成梯度救助格局，为救助对象提供差别化的救助；合理划分中央和地方社会救助事权和支出责任，统筹整合社会救助资金。

在提高贫困地区基本养老保障方面，坚持全覆盖、保基本、有弹性、可持续的方针，指导贫困地区全面建立制度名称、政策标准、管理服务、信息系统"四统一"的城乡居民养老保险制度。在"三留守"人员和残疾人关爱服务体系建设方面，通过推动各地政府购买服务、政府购买基层公共管理和社会服务岗位、引入社会工作人才和志愿者等方式，为"三留守"人员提供保障服务；建立留守儿童救助保护机制和关爱服务网络；推进农村社区日间照料中心建设，支持各地工程幸福院等社区养老服务设施建设与运营；加强贫困地区留守服务技能培训和就业创业扶持。

二、农村低保与扶贫开发两项制度衔接

（一）两项制度衔接的提出与实施过程

农村最低生活保障制度是由地方政府为家庭人均纯收入低于当地最低生活保障标准的贫困群体，按最低生活保障标准，为其提供能够维持基本生活的物质帮助的制度。它是一项在农村特困群众定期定量生活救济制度的基础上逐步发展和完善的规范化的社会救助制度。

国务院印发的《国务院关于在全国建立农村最低生活保障制度的通知》（国发〔2007〕19号），标志着我国开始在全国范围内逐步建立农村完整的最低生活保障制度，也表明我国农村扶贫工作进入低保救助和扶贫开发（以下简称两项制度）"两轮驱动"的新阶段。2008年《中共中央关于推进农村改革发展若干重大问题决定》中提出："完善农村最低生活保障制度，加大中央和省级财政补助力度，做到应保尽保，不断提高保障标准和补助水平……完善国家扶贫战略和政策体系，坚持开发式扶贫方针，实现农村最低生活保障制度和扶贫开发政策有效衔接。"这为全面实施两项制度衔接奠定了基础。2010年国务院办公厅转发扶贫办等部门《关于做好农村最低生活保障制度和扶贫开发政策有效衔接扩大试点工作意见》的通知提出，中西部地区应将两项制度衔接试点范围扩大到80%以上的国家扶贫开发工作重点县，有条件的地区可以扩大到非国家扶贫开发工作重点县；东部地区可根据实际情况自行确定试点范

围。这表明了两项制度衔接的进一步推进。

2014年中共中央办公厅、国务院办公厅印发的《关于创新机制扎实推进农村扶贫开发工作的意见》在"建立精准扶贫工作机制"的论述中指出"各省（自治区、直辖市）在已有工作基础上，坚持扶贫开发和农村最低生活保障制度有效衔接"，表明两项制度衔接工作已成为推进扶贫开发工作创新和建立精准扶贫工作机制的重要内容。

（二）两项制度衔接的目标与重点任务

1. 两项制度衔接的目标与原则

坚持应扶尽扶原则，精准识别贫困人口，把符合条件的农村低保对象全部纳入贫困人口建档立卡范围，给予其政策扶贫，促进其增收。坚持应保尽保原则，健全农村低保制度，完善农村低保对象认定方法，将符合条件的建档立卡贫困农户全部纳入农村低保范围，保障其基本生活需要。坚持动态管理原则，建立健全贫困户低保退出标准、程序、核查办法，做好农村低保对象和建档立卡贫困人口的定期核查，建立农村低保和贫困人口精准台账，根据贫困人口的情况，实施有进有出、应退则退的动态管理。坚持自愿统筹原则，统筹各类救助、扶贫资源，推进农村社会保障与扶贫开发政策的有效衔接，形成脱贫攻坚合力，实现对农村贫困人口的全面扶持。

2. 两项制度衔接的重点任务

两项制度衔接的重点任务是加强政策衔接、对象衔接、标准衔接、管理衔接等。

一是加强两项制度的政策衔接。在政策对象识别上，对符合农村低保条件的建档立卡贫困农户，按照规定程序纳入低保扶持范围，并按照家庭人均收入低于当地低保标准的差额发放低保金。对符合扶贫条件的农村低保家庭，按照规定程度纳入贫困户建档立卡范围，并根据其致贫原因和扶贫需求，采取相应的扶贫政策措施予以精准帮扶。对于返贫人口，按照规定程序审核后，相应纳入临时救助、医疗救助、农村低保等社会救助制度和建档立卡贫困户扶贫开发政策覆盖范围。对没有纳入建档立卡范围内的农村低保家庭、特困人员，由地方统筹使用相关扶贫政策予以帮扶。加大医疗救助、临时救助、慈善救助等帮扶力度，符合条件的纳入重特大疾病医疗救助范围。

二是加强两项制度的对象衔接。县级民政、扶贫等部门和残联要密切配合，加强农村低保和扶贫开发在对象识别与认定上的有效衔接。完善农村低保家庭贫困状况评估指标，将家庭收入、财产作为主要指标，结合实际情况适当考虑家庭成员因残疾、患重病等增加的刚性支出因素，综合评估家庭贫困程度。进一步完善农村低保和建档立卡贫困家庭经济状况核查机制，明确核算范围和计算方法。

三是加强两项制度的标准衔接。结合农村扶贫开发标准，制定农村低保标准动态调整方案，确保所有地方农村低保标准要达到国家现行扶贫标准。农村低保标准低于国家扶贫标准的地区，按照国家扶贫标准综合确定农村低保的最低指导标准。农村低保标准已达到国家扶贫标准的地区，按照动态调整方案科学调整低保标准。各地农村低保标准调整后应及时向社会公布，接受社会监督。

四是加强两项制度的管理衔接。严格按照申请、收入核查、民主评议、审核审批等程序和民主公示的要求，认定农村低保和扶贫对象。对于申请享受两项制度的，按照规定分别进行调查核实，集中进行民主评议，经乡（镇）人民政府审核后，属于扶贫对象的，报县级人民政府扶贫部门审批；属于农村低保对象的，报县级人民政府民政部门审批。健全信息公开机制，乡镇人民政府（街道办事处）要将农村低保和扶贫开发情况纳入政府信息公开范围，将建档立卡贫困人口和农村低保对象、特困人员名单在其居住地公示，接受社会和群众监督。

三、社会保障兜底脱贫的问题与对策

社会保障兜底扶贫强调对丧失劳动能力的贫困人口采取全方位的保障措施，在生活来源、社会服务乃至心理疏导等多个方面给予帮扶和支持，以确保贫困人口摆脱贫困。

（一）社会保障兜底脱贫存在的问题

第一，从生活来源上看，对社保兜底贫困对象的帮扶主要是依靠农村最低生活保障制度。农村最低生活保障的标准由各地政府按照能够维持当地农村居民全年基本生活所必需的吃、穿、用等费用确定，各地的保障标准存在较大的差异性，且大多数地方农村社会保障标准比较低。一些贫困地区自身财力有限，提高农村最低生活保障标准的幅度也有限，仅依靠地方财力难以帮助低保扶贫对象实现同步小康。这就需要将农村最低生活保障制度与其他扶贫政策进行整合和衔接，通过整合性帮扶措施帮助低保扶贫对象摆脱贫困。

第二，从社会服务供给的角度看，农村低保对象主要为家庭年人均低于当地最低生活保障标准的农村居民，是因病残、年老体弱、丧失劳动能力以及生存条件恶劣等原因造成生活常年困难的人。支出型贫困是农村低保扶贫对象的重要特征，而社会救助制度则是解决支出型贫困的重要途径。换言之，现有社会救助措施以最低生活保障制度为主，且与医疗救助、住房救助、就业救助等专项救助制度配套衔接较弱，因此建档立卡的低保对象仍面临着较大的家庭支出压力。

第三，从心理状况看，"三留守"人员和残疾人是农村低保的主要对象。这些扶贫低保对象存在不同程度的心理问题。相关心理问题如不能得到很好的疏导，就很容易使贫困问题衍生出其他家庭问题或社会问题，甚至带来家庭的悲剧。现有的政策尽管提出要加强对"三留守"人员的心理疏导，通过建立留守儿童关爱服务体系，研究制定留守老人、留守儿童关爱服务政策等措施，健全"三留守"人员和残疾人关爱服务体系，但在实际操作上仍以物质层面的关爱救助为主，对低保对象的心理层面还没有形成详细的关爱和心理疏导政策措施。

第四，从农村低保与扶贫开发两项制度衔接的情况看，主要存在以下问题：

一是扶贫和低保"两线分离"及"两库分离"带来的对象认别与认定问题。近年来，随着精准扶贫和两项制度衔接试点工作的推进，农村贫困治理逐渐形成"精准扶贫+精准救助"格局。但是当前，我国扶贫标准与低保标准处于"两线分离"状态。国家扶贫标准由国家统计局根据上一年农民人均纯收入测算。贫困人口的数量是由国家统计局根据每年全国农村住户的收入和消费资料及确定的贫困线估算而来。各地农村建档立卡贫困人口是根据国家统计局确定的国家扶贫线通过一定的"推算"办法得出，贫困人口的识别与建档立卡是一个自上而下的过程。地方贫困状况和财力状况对低保标准确定有重要影响。由于在认定标准和认定程序上的不统一，一些农村低保线高于国家扶贫线，一些农村低保线低于国家扶贫线。同时也形成了扶贫和民政分别管理的建档立卡贫困人口数据库和农村低保人口数据库。带来的问题是：部分属于低保对象的无劳动能力农村家庭滞留在扶贫开发对象的范围内，占用扶贫资源，同时部分有劳动能力的扶贫对象又停留在低保范围内，占用用于无劳动能力者维持基本生活的资金，甚至形成了部分有劳动能力但发展意愿不足的扶贫对象会受到"逆向激励"而选择成为低保救助者或享受低保和扶贫两项优待的贫困者。

二是部门衔接与整合困难带来农村贫困治理"碎片化"。农村低保制度和扶贫开发政策分别由民政部门和扶贫部门两个部门负责，实行两套不同的管理体制和运行机制。从各地的实践状况看，农村低保和扶贫开发政策尚未实现真正的有效衔接，甚至出现了脱节现象，造成了一些信息不对称、执行不协调和适用性混乱等问题，导致了各地扶贫对象和低保对象享受的帮扶措施不一，不同主体对贫困识别有认识偏差。两个部门工作的衔接与整合困难带来了农村贫困治理的"碎片化"，造成了扶贫资源的浪费和工作的低效，不利于反贫困目标的实现。

（二）完善社会保障兜底脱贫的对策建议

针对以上提出的社会保障兜底扶贫中存在的问题，提出如下对策建议。

1. 加快推进农村低保与扶贫开发政策有效衔接

加强农村低保与扶贫开发在对象认定上的衔接，加快制定农村低保标准动态调整方案，确保农村低保标准对接国家扶贫标准，实现低保线和扶贫标准线"两线"合一。将符合条件的农村低保对象全部纳入建档立卡的范围,通过农村低保制度与扶贫开发政策有效衔接,通过光伏扶贫、资产收益扶贫等方式对农村低保对象实施精准帮扶,建立低保扶贫对象增收长效机制,促进农村低保扶贫对象的稳定增收。

2. 大力推进农村低保制度与其他专项救助制度的衔接配套

加强对农村低保对象的管理,完善农村低保对象信息库,通过对扶贫和低保对象开展定期、不定期的走访调查,及时准确地掌握农村低保家庭、特困人员和建档立卡贫困家庭人口、收入、财产的变化情况,对数据进行动态更新。将农村最低生活保障对象信息与扶贫、教育、医疗卫生等部门进行资源共享。加强调查研究,尽快将农村最低生活保障制度与其他专项救助制度衔接配套,为救助对象提供差别化的救助,有效降低救助对象的家庭支出,保障其基本生活。

3. 广泛动员社会力量开展针对救助对象的心理疏导服务工作

组织开展农村留守儿童、留守妇女、留守老人心理状况信息收集工作,并进行分类整理。通过中国社会扶贫网等渠道组织专业心理辅导人员与"三留守"人员和残疾人进行精准对接。积极发展和培育社会工作专业人才,各地通过政府购买服务、设置基层管理和社会服务岗位等方式引导社工机构、社会工作专业人才为"三留守"和残疾人提供心理健康辅导服务。

4. 探索推进扶贫线与低保线"两线合一"

两项制度衔接的基础是贫困人口识别标准的统一。为此,应探索行之有效的方法和措施,形成统一的贫困人口统计标准,可由国家统计局协调扶贫、民政部门建立以农民人均可支配收入为基础的全国统一的国家贫困线。省级贫困线可根据地方消费结构和物价水平科学设立。省级政府和民政救助、扶贫部门依据省级贫困线作为省级低保标准和财力投入标准,并以此为依据建立统一家庭收入计算办法和贫困人口识别方法,推进扶贫线与低保线"两线衔接"或"底线合一"。

第六章 金融帮扶实践的创新举措

　　经过长期发展，我国金融领域已经逐渐形成了多层次的正规金融机构和非正规金融机构共生，保险公司、担保机构、政策性金融机构、商业性金融机构、合作性金融机构、新型金融机构等并存的金融组织体系。贫困地区特色产业培育、基础设施建设以及其他各类扶贫项目建设都离不开金融支持，而且信贷资金也必将成为贫困地区资金的最主要来源。新时期的扶贫开发更要借助于金融的杠杆效应，进一步发挥金融扶贫的减贫效应。金融扶贫主要通过提供资本要素、改变收入分配、提供金融服务等渠道拉动经济增长，以达到减少贫困的目的。当前贫困地区已经逐渐出现一大批专业大户等新型经营主体，对金融服务的需求越来越旺盛，而金融机构提供的信贷资金和服务远不能满足实际需要。贫困地区还面临着金融组织体系不完善、金融扶贫产品和服务发展水平参差不齐、金融扶贫精准度和有效性较低、贫困地区生态金融环境较差等严峻形势。因此在新形势下，有必要将金融扶贫作为扶贫开发制度创新的重点领域，通过一系列新的机制和模式创新，为广大贫困主体提供更实惠、更全面的金融服务。

第一节　金融帮扶机制的创新

通过建立金融扶贫协同合作机制、风险防范与分担机制、贷款定价机制、信用评级机制，能够有效提高金融扶贫的效率和可持续性发展。

一、协同合作机制设计

（一）正规金融机构与非正规金融机构的合作机制

面对金融扶贫这一特殊的制度安排，正规金融机构与非正规金融机构存在合作的必要性和可能性，且合作对双方都有利。接下来将从比较优势和合作机制两个角度对正规金融机构与非正规金融机构的合作机制进行探讨。

1.比较优势分析

正规金融机构在资金、管理、研发和人才培养等方面，都具有比较明显的优势，但在贷前审查、贷后管理及合约执行方面，存在成本较高的劣势；而非正规金融机构在融资速度、利率空间、交易成本等方面具有比较优势，但在资金、管理和金融产品研发等方面具有明显的劣势。双方建立合作关系之后，可以充分发挥各自的比较优势，规避劣势。对于正规的金融机构而言，通过和非正规金融机构合作，能够改善与众多小额借款者之间存在的信息不对称现状，有效规避道德风险，同时，能够适当简化交易流程，降低融资成本，增加贫困农户信贷资金的可获得性。对非正规金融机构来说，通过与正规金融机构的合作，可以以较低的成本获得正规金融机构的资金支持，并利用自身的信息优势，选择可以信赖的农户放贷，克服了自身规模小、资金少的问题。

2.合作机制探讨

正规金融机构与非正规金融机构的合作机制有以下两种模式。

（1）批发零售垂直连接模式

这种模式是由商业银行或者政策性金融机构等正规金融机构担任小额信贷的批发机构，并选择一家或几家资信良好、有影响力的非正规金融机构作为小额信贷零售机构，即小额信贷机构以较低利率从大型商业银行获得贷款，然后再将其贷给农户的合作方式。在这种模式下，大型商业银行向小额贷款机构提供贷款资金，按照低于市场利率的利率收取贷款的利息费用。小额贷款机构获得贷款后，利用自身的地缘和信息优势，将贷款贷给有资金需求的农户。

（2）委托代理模式

即大型商业银行充分利用自身发展优势，进行产品研发，并在现有的非正规金融机构寻求产品代理的方式。在这种合作模式下，大型商业银行主要提供产品、资金和服务，非正规金融机构主要提供渠道和销售。这样一方面解决了大型金融机构的产品营销问题，另一方面避免了非正规金融机构承担贷款的利息和违约风险，利用自身信息和地缘优势，确保贷款资金能够得到及时发放和回收，并且能够从这一过程中收取适当的代理费用，获得相应的资金支持，改善资金来源不足的发展现状。

（二）商业银行与保险机构的合作机制

众所周知，农业保险具有分散风险的功能，作为对农业的一个重要屏障和支持农业发展的制度安排，对农村金融市场的发展具有重要作用。相对于美国、欧盟和日本等发达经济体，我国农业保险体系相对落后，银行机构、保险机构在农村金融市场的参与度不高。下面从比较优势和合作机制两个角度对商业银行与保险机构的合作进行探讨。

1. 比较优势分析

保险机构很少在农村地区设置相应的网点，且进入农村地区的成本相对较高，因此保险机构在农村开展业务的难度很大。而银行机构特别是大型商业银行，在农村地区具有较高的认可度，但存在一定的信贷风险。保险公司与银行开展合作无疑能够降低保险公司进入农村市场的成本，降低商业银行的信贷风险，开展双方合作便是顺理成章之事。在银保合作上，众多发达国家如美国、法国、日本和德国等开始尝试建立与本国农业发展相契合的"银行＋保险"体系，并且取得了一定的成功，发达国家获得的成功能够为我国提供一定的借鉴。

2. 合作机制探讨

对于大型商业银行与涉农保险机构的合作机制建设，可以从以下方面进行分析。一是商业银行在发展过程中加强对自身网点和品牌优势的开发，并以此为基础全力支持涉农保险机构发展，逐步缩减其进入贫困地区的成本，协助涉农保险机构加大涉农保险产品的宣传力度。二是共同研发金融保险产品。银保双方共同开发设计扶贫性金融保险产品，而非是银行网点简单代理涉农保险产品。三是商业银行结合实际情况积极建立相应的存贷款保险机制，从而能够更积极、高效地为农民群众提供相应的金融服务，并有效降低涉农贷款可能产生的各类风险。四是保险公司充分利用好银行布设在贫困地区的网点，实现农民理赔便捷服务。

（三）商业银行与担保机构的合作机制

因贫困农户缺少有效担保，贫困农村地区普遍存在贷款难的问题，而要想改善这一现状，既需要进一步拓展农村地区有效担保质押物品的范围，也应该进一步完善农村担保机构体系的建设，并实现金融机构与担保机构之间合作机制的创新。下面从比较优势和合作机制两个角度对商业银行与担保机构的合作机制进行分析。

1. 比较优势分析

对担保机构而言，主要优势体现在能将自身所具备的资本作为基础性的信用，然后采取专业化的手段，通过搜集和整理各类信息来改善信息不对称现状，以保证能够及时有效地识别各类风险，并适当借助反担保手段对风险进行规避，最终成为客户和金融机构之间的连接纽带。对商业银行而言，以抵押、质押为主要贷款形式，抵押、质押方式虽然有可看得见的资产以及未来所能够获得的收益为担保，但是由于这种看得见的资产以及未来收益属于第二还款源，一旦发生违约问题，商业银行必然会面临抵押品不能全面受偿和处置烦琐等困难。而商业银行选择与担保机构合作，一旦出现贷款违约的情况，能够在第一时间得到担保机构的代偿代还，避免一系列麻烦。

2. 合作机制探讨

商业银行与担保机构的合作，可从以下方面进行改进。一是应本着"分工合作、风险共担、利益共享"的原则，共同在扶贫行动中形成合力。担保机构要与商业银行共享贫困地区的相关信息，保证商业银行能够在充分的信息支持下有效地规避风险。商业银行在工作中应该结合实际情况选择进一步提升贷款担保基金的放大倍数，促使担保机构的担保效率得到一定的强化，切实实现担保机构规模化的经济发展。二是建立商业银行和担保机构的风险分担工作机制，商业银行在提供金融服务的过程中承担部分风险，防止商业银行将所有的风险向担保机构转移。

（四）商业银行与农民专业合作社的合作机制

在开展金融服务的过程中，商业银行将农村地区各种类型的专业合作社作为服务对象是一种相对普遍的做法，虽然当前我国农民专业合作社发展水平相较于发达国家还存在较大的差距，而且农民专业合作社内部治理机制存在一定的缺陷，但是从近几年我国政府部门颁布的政策文件可以看出，在未来建设过程中农民专业合作社必然会迎来新的发展契机。下面从比较优势和合作机制两个角度对商业银行与农民专业合作社的合作机制进行分析。

1. 比较优势分析

合作社一般是由当地种养殖大户和有自主发展能力的一般农户共同带动发起成立的，可以说农民专业合作社集聚了县域内从事农业经营的优质客户。从农民专业合作社的角度进行分析，这部分农民一般具有相对旺盛的金融服务需求，迫切需要通过机制的创新来切实解决其存在的融资难问题。从商业银行的角度进行分析，其在发展过程中需要面对以我国农村地区先进生产力为代表组建的新型组织，这是一个巨大的市场。这就要求商业银行在与农民专业合作社合作的过程中全面创新合作机制，进而推进扶贫目标的实现。

2. 合作机制探讨

商业银行与农民专业合作社的合作有以下几种模式。

一是借助农民专业合作社的内部担保来积极构建合作机制。这种模式能够为具有发展能力和良好信用的成员提供相应的担保。这种模式下信贷之所以能够顺利实施，是因为合作社内部构建了一套完善的控制体系，当合作社成员向金融机构提出贷款申请后，合作社内部会对其信用状况和借贷额度等进行审核，审核通过之后由合作社内部负责担保，然后再向银行提出贷款申请，这样可以适当缓解农民专业合作社与金融机构信息不对称的情况。这一合作模式通常适用于合作社成员所需贷款金额较小的情况。

二是充分运用政策性担保机构来进行外部担保的合作机制。即合作社提出借款申请后，在合作社内部主要成员对政策性担保机构或商业性担保机构提供特定的反担保服务的基础上，政策性担保机构为合作社提供担保，之后银行向合作社提供借贷资金，政府部门则从政策层面对农民专业合作社提供相应的支持。在这种模式下，政府对农民专业合作社提供的支持并非直接拨款，而是借助融资方式提供支持。这种模式之所以能够取得较大的成效，是因为政府部门可以按照市场化的发展方式对银行和农民专业合作社提供支持，进而提升参与方的合作积极性。由此可见，这种合作模式更适用于农民专业合作社所需贷款金额较大的情况。

二、风险防范与分担机制设计

支持贫困地区经济发展是金融机构应该承担的社会责任之一，但如果信贷风险完全由金融机构承担，就必然导致金融机构出于谨慎而惜贷或少贷，甚至在发展过程中选择退出经济欠发达地区的农村金融市场，这会加剧农村经济欠发达地区的资金供求方面的矛盾。要想改善这一现状，应该从政府部门、金融机构和市场三方面入手，从贷前、贷中和贷后三个阶段对贫困地区信贷风险进行防范、分担和补偿。

（一）贷前风险识别

1. 战略风险

战略风险是金融机构对国家的方针政策和未来发展战略领会失误或把握不清而造成损失或不利影响的风险。比如国家正在建设创新型、节约型社会，倡导可持续发展理念，此时金融机构也要配合国家的发展战略，调整信贷结构，以防出现高污染或高能耗企业在国家相关政策影响下企业利润下滑，最终造成金融机构的贷款回收困难的现象。

2. 市场风险

在经济发展过程中，市场风险主要体现在行业发展趋势、国家宏观经济走向以及市场动向等方面。对金融机构来说，对于市场风险的防范，主要体现在对宏观经济走向和市场动向的准确把握，即要对经济发展趋势有一定的敏感性，对经济周期有一个准确的判断，这样才能采取相应的对策来应对宏观经济的变化。比如在当前供给侧结构性改革、"大众创业、万众创新"、产业结构升级、消费形态变革的时期，金融机构要对我国整体经济发展形势有一个清晰的判断，并采取相应的措施来防范风险。如对于贫困地区人们来说，传统的种植业和养殖业风险很大，受气候、地理环境和疫病等的影响较大，极易导致市场出现强烈的波动。为防范市场风险，一是加入农业保险，二是关注市场信息，并加强对市场信息的分析，以及时根据市场调整种植结构。

（二）贷中风险管理

金融机构要在整个信贷过程中注意防范操作风险的发生，以最大限度地消除操作性风险。

首先，要有严格的授信标准与原则。正确合理的授信是贷款风险防范的第一个门槛。在贫困农村地区，对农民授信工作不仅要考察其抵押物，还应该关注其道德品质。对贫困农村地区中小企业的授信则要考察该企业的发展前景与企业的诚信情况。总之，授信时不仅要重视财务方面的"硬信息"，而且要注重人品、声誉、口碑等"软信息"，这样才能准确地授信。

其次，在设计贷款流程时，要充分考虑农村经济欠发达地区的居民和中小企业的发展特点，争取以最低的成本和最简便的方式为贫困地区的居民和企业提供贷款，同时要有相应的贷款风险防范措施。比如，对于贫困农户的小额信用贷款，可以要求借贷人撰写承诺书，并要求借贷人与其家庭成员（配偶和子女）联合签名。这样做主要是为了确保借贷人及其家庭成员了解贷款的发放与偿还流程，并在借贷人及其家庭成员心中树立起诚信意识和责任意识，从而对借贷人产生积极的信用影响。而且如果借贷人不按时还款，其行为就必然会对子女产生不良影响，基于此，借贷人会选择积极还款。由此可以看出，这一创新的承诺方式与农村地区特殊的金融文化相契合。

最后，收贷的设计也要讲究科学性，并与贫困地区的文化相适应。当前我国的一些小额信贷机构偏向于选择集体还贷制度，如要求所有贷款到期的人员在特定的时间内集中还款，这样不按时还款的人在群体的影响下会产生较大的心理压力，这种方法在小额信贷中被称为"注意力压力"。当个人处在特定群体高度注意的环境中，其受到特殊心理活动的影响必然会对自身的诚信意识加以强化，并主动采取一定的方式来最大限度地规避自身在群体中的负面影响。需要注意的是，在具体收贷时要灵活运用各种收贷方法，既要使贷款人感受到守信的重要性，还要让其感受到来自金融机构和政府部门的关怀，进一步增强贫困地区借贷人对信用理念的认同感。

（三）贷后风险分担和补偿

贫困农村地区的经济发展不仅具有一定的弱质性，也具有较高的风险性，这在一定程度上决定了贫困地区只有在政府部门的干预下才能够实现经济的可持续发展。基于这一特殊性，政府部门可以选择对参与扶贫开发工作的金融机构提供一定的政策支持，逐步降低这些金融机构的风险负担，提升其风险承担能力，调动各类金融机构参与扶贫开发的积极性。具体可以参考以下三点。

一是积极发展农业保险工作，从根本上规避金融机构可能面临的信贷风险。由于经济欠发达地区农村金融机构市场运作存在较大风险，只有发展农业保险，构建科学的农业保险体系，为金融机构提供相应的风险分担，才能够逐步改善金融机构的风险状况，从根本上解决农村金融市场的供需矛盾问题。具体来说，可以从政策性保险和商业性保险两个层面建立相应的农业保险制度，全面减轻农村金融机构的风险负担，有效促进农村金融工作的开展。

二是在农村地区建立风险补偿基金，对政策性放贷或者因自然灾害造成的损失加以补偿。由于贫困地区经济落后，灾害频发，农村金融机构的信贷服务具有特殊性，甚至承担着部分政策性的信贷工作。基于此，政府部门应该对其提供特定的补偿，最大限度地提升农村金融机构的可持续发展能力。

三是适当增设担保机构，并完善担保机制，以保证信贷风险能够得到相应的分担。经济欠发达地区的农村信贷风险相对较高，通常只能够获得较低的收益，加之农民群众通常无法提供银行认可的抵押物，为此要逐步增设担保机构，通过对担保机制加以完善，构建健全的担保体系，最大限度地分担金融机构开展信贷服务的风险。

三、贷款定价机制设计

在利率市场化的发展背景下，定价能力对强化金融机构的市场竞争力、风险防范能力和盈利能力具有一定的影响。现阶段我国多家金融机构已经在借鉴国内外先进经验的基础上构建了相对完善的贷款定价理论，并且建立了能够与市场竞争需求相吻合的定价方式。具体来说，贷款定价有以下几种方法：基准利率加点法、基于风险定价法、客户盈利能力分析法、成本加成定价法。

但在贫困地区采取哪种定价方法较为合适，还需要进一步的探讨。在具体定价时，金融机构应结合自身的经营状况，从社会责任的角度出发，认真研究贫困地区农村金融市场客户的多样化需求，合理定价，在增强自己盈利能力与风险控制能力的同时，培育独特的竞争优势，提升客户的认同感。

（一）贷款定价机制设计原则

金融机构在贫困地区投放金融产品，其定价机制的设计应该遵循以下四个原则。

第一，成本效益原则。成本效益原则是指一项活动的收益必须大于其成本。对于金融机构来说，金融扶贫并非不顾成本地发放贷款，也不是追求效益最大化，而是要保持合理化的利润。金融扶贫产品虽具有扶贫性质，但也应依据风险定价，应考虑综合收益，收益要覆盖风险。因此定价机制的构建应该将效益作为最基本的核心，并对资金成本、资金回报、风险性等进行全面的分析，否则金融机构难以可持续发展，从长远来说不利于贫困地区信贷资金的可持续投入。

第二，市场竞争原则。市场竞争原则主要指在进行差异化定价的过程中必须对市场的竞争情况进行充分分析，进而在参照农村金融市场供需情况的基础上，确定具有一定竞争优势的价格，扩大市场份额，获得一定的经济效益。

第三，阶梯式差异化原则。从履行社会责任的角度看，金融机构在定价时应该充分考虑农村金融市场的个体需求差异，从贷款客户的性质、担保方式等方面对贷款的定价做出具体考量。

第四，简便规范原则。利率定价还应该适当精简操作环节，保证可操作性，为信贷人员和客户提供一定的参考依据。

（二）风险溢价的影响因素

根据贷款定价机制设计原则，金融机构对贫困地区的贷款利率采用"基准利率＋浮动幅度"的定价方式较为合适，既考虑利润的合理性，也体现社会责任担当。计算公式为：贷款利率＝基准利率＋风险溢价点数。

该定价模型属于市场导向模型，具有一定的应用优势，但这种定价模型并没有对借贷人的综合贡献度以及银行的经营成本进行充分分析，因此确定其风险溢价点数的浮动幅度时需要参照以下几个因素。

1. 政策因素

参照经济贫困地区借贷人所属行业类型，对其进行分类，不同行业的农户所对应的浮动幅度不尽相同。其中属于建档立卡范围的贫困农户上浮的幅度最低，充分彰显出金融机构扶贫工作的性质和社会责任意识。

2. 经济因素

在确定浮动利率时应考虑贷款额度，且应同时考虑贷款风险和管理成本。

3. 风险因素

从风险防范的角度入手，对客户的信用等级进行分析，并确定合理的贷款抵押担保方式。在确定客户的信用等级时，可以结合农村地区的实际情况选择科学的客户授信管理方式，并为信用等级较高的客户提供一定的利率优惠。同时，根据抵押担保方式的差异，结合实际情况选择不同的担保方式。

4. 其他因素

与金融机构合作了较长时间，并且构建了稳固的借贷关系的客户，其信用风险一般极低，因此可以对这部分客户实施较低的利率；对于与金融机构新构建信贷关系，但能够带动贫困农户致富的龙头企业或新型农业经营主体，也可以实行较低的利率。而对于那些还完贷款本金和利息后，能享受到政府贴息的客户，可以结合实际情况实施较高的利率。在这一过程中，利率浮动与合作方式具有紧密的联系，并且能够适当鼓励经济欠发达地区的农户与金融机构的长期合作。

四、信用评级机制设计

一般来说，贫困农村地区由于经济文化相对落后，在数代人的长期发展过程中，形成了相对封闭的农村熟人社会，其社会成员的乡土文化和观念较为浓厚。正是这样相对封闭的乡土文化，对其成员形成了一种无形的约束，一旦有人主观上故意失信，其自身、家庭及其后代会被其他成员排斥，违约成本极高。因此，在扶贫开发中，金融机构要始终坚持"贫困人口最讲诚信"这一信用理念，通过设计科学可行的信用评价标准和方案，对贫困地区农户开展信用等级评定工作，并且为不同等级的客户设定不同的授信额度，真正让农户的信用成为贷款的"抵押担保品"。

（一）信用评价指标的选取

对农户信用情况进行评定主要涉及农户的个人品质、偿债能力、生产条件等指标。具体来说，个人品质是评定农户信用最主要的指标；偿债能力以家庭年收入以及有无外债等作为主要的指标；生产条件将业务技术、自有资金以及产品的销售情况等作为主要的指标。

依据以上指标可设计制作信用评级表，并赋予各项指标权重和分值，根据打分结果，将农户信用具体划分为三个等级，即优质、良好和一般。其中优质信用等级的基本限定标准为：农户所选择的经营项目具有广阔的市场，并且能够获得较高的收益率，农户为人诚实守信，无不良信用记录；动产、房产抵押或有价证券、有价单证等质押物变现能力强；自有资金占生产性经营所需资金的一半以上。良好信用等级的基本限定标准为：农户具有固定的收入来源、无不良信用记录，能够按时还款，家庭人均收入高于当地农村家庭的平均水平。一般信用等级的基本限定标准为：无不良信用记录并且家庭成员具有一定的劳动能力；虽无具体财产抵（质）押，但具有多个较强经济实力的客户予以联保。

（二）信用等级的评定步骤

目前，农村金融市场利用信用评级机制进行的金融产品创新是小额信用贷款。金融机构主要根据借贷人生产活动、收入情况以及以往的还款情况等各类因素对贷款额度进行衡量和核定。农户资信评定步骤为：①由农户本人或者由村组织向所在地区的支行提供相应的信用户候选名单；②由信贷人员对所提供的候选人生产资金需求、信用情况、家庭经济收入情况等进行调查分析，并为这些农户建立相应的经济档案，提出合理的资信评定建议；③银行的农户资信评定小组对这部分候选人的参评资格进行全面的分析和审核，审核内容主要包括近期信用记录、在本行的存款情况和当前家庭经济收入情况等；④银行的资信评定小组结合相关标准对农户进行科学的资信评级，并对这部分农户的资信等级加以确定。

（三）信用评级结果的应用

金融机构根据不同等级的信用客户，给予相应的优惠政策。

政策优惠：各个不同等级的信用客户都能享受到一定的资金优惠政策。具体来说，在其他条件都相同的情况下，信用等级高的客户，其借款申请将被优先受理，其对资金、信息和科技服务的需求将被优先满足。

利率优惠：不同等级的客户可以享受不同的利率，等级越高的客户，其贷款利率水平就越低。

服务优惠：对优质客户实行上门服务，尽可能满足其合理需求。

时间优惠：对不同等级的客户可以采用便捷度不同的贷款期限、还款期限的安排。

另外，金融机构还应每年根据农户的还款情况对农户的资信等级进行更新，以动态地反映农户信用等级的变化。唯有如此，才能够对客户产生激励性影响。

第二节　金融帮扶模式的创新

随着扶贫开发战略的不断深入推进，我国初步形成了交通扶贫、水利扶贫、光伏扶贫、农业扶贫和旅游扶贫等扶贫方式并行的局面。虽然这几种扶贫方式的扶贫领域和侧重点不同，但都面临着一个共性问题，即扶贫项目投融资难的问题。本部分就对以上五种扶贫形式的项目融资的机理、特点和适用条件三个层面进行深入探讨。

一、交通扶贫项目融资模式设计

（一）设计原则

1. 政府主导项目建设

作为影响国家经济发展的重要基础设施，交通运输项目与国民经济和公众利益高度相关，因此交通扶贫项目必须由政府部门主导建设，不能出现政府管理的真空地带，并且由政府部门或者相关能够代表政府部门的国有企业所拥有。另外，为保证项目的公平性与服务性，交通项目的投资建设必须在政府的统筹管理下进行。

2. 引入多元化投资主体

交通运输项目获得的基本效益属于宏观社会效益的范畴，可以对地方经济的发展产生促进作用，可以满足地方群众的基本发展需求。但交通运输项目投资规模巨大，单靠政府投资很难实现，这就需要引入多元化的投资主体，实现交通运输项目的市场化。在市场化的过程中要注意实现社会效益和经济效益的动态平衡，实现政府和市场的风险共担和利益共享，构建政府和市场的共生复合模式，这样才能形成适应交通运输项目建设与经营特点的产权制度、自我激励机制、自我规制机制。

3. 广泛应用 PPP 融资方式

PPP（Public-Private-Partnership，即公私合作制）模式是一种政府与私人企业合作共同建设城市基础设施项目或提供某种公共物品和服务的模式。这种合作以特许权协议为基础，彼此之间形成一种伙伴式的合作关系，并借助合同的签署对双方之间的权利和义务关系加以明确，进而保证相关项目和服务工作能够顺利完成，最终使相关合作方可以获得超出预期单独行动的效果。PPP作为各项融资模式的总称，具体包含了TOT（Transfer-Operate-Transfer，移交—运营—移交）、BOT（Build-Operate-Transfer，建造—运营—移交）以及DBFO（Design-Build-Finance-Operate，设计—建造—融资—经营）等多种模式，在具体实践中，应该在综合分析相关因素的基础上，灵活选用PPP模式，并结合具体的情况进行适当的改进和调整。

（二）模式选择

1.CPPP 融资模式

CPPP（Complete-Public-Private-Partnership，即政府和社会资本合作）是PPP模式的一种演化，指政府采取竞争性方式择优选择具有投资、运营管理能力的社会资本，双方按照平等协商原则订立合同，明确责权利关系，由社会资本提供公共服务，政府依据公共服务绩效评价结果向社会资本支付相应对价，保证社会资本获得合理收益，其具体形式是"共同投资建设—补贴运营—政府控股下的完整产权"。政府和社会资本合作模式有利于充分发挥市场机制作用，提升公共服务的供给质量和效率，实现公共利益最大化。

（1）运行机理

首先由贫困县所在地市或省级政府和私人企业共同组建具有独立法人资格、自主经营、自负盈亏的项目公司，项目公司主要负责交通运输项目的筹划、设计、建设和运营，并以项目为基础通过多种渠道进行筹资。政府部门在项目公司中占据控股地位，对项目具有控制、监督与价格管理的权利。交通运输项目的设计单位和施工单位等则由私人投资者组成总承包商，参与项目的建设与运营。在项目建设过程中，项目承包商可以在政府提供担保的情况下，从金融机构或投资公司获得相应的资金支持。

（2）特点分析

CPPP模式是一种由政府部门和私人企业共同参与，能够利益共享，并且政府部门可以借助补偿机制对参与其中的民间资本进行补偿的特殊模式。在该模式下，考虑到交通运输项目本身效益较低，无法完全实现对民间资本收益的满足，因此，在项目的开展过程中政府须对民间资本进行合理的补偿，以保障项目的顺利进行。例如，一旦私人企业无法在本项目中获得承诺的经济效益，政府部门应结合实际情况为私人企业提供包括税收优惠补偿、贴息补偿、交通运输项目附属项目的开发补偿等多种补偿方式。

（3）适用条件

该模式一般适用于在集中连片特困区开展的投资数额巨大、收益较低的铁路项目或高速公路项目。

2.BDOT 融资模式

BDOT（Build-Develop-Operate-Transfer，建设—开发—运营—移交）融资模式也是PPP模式的一种，即整个项目将以资本金投入、银行贷款、交通运营收入及沿线站点部分土地开发的增值收益等作为主要现金流来源，由某一公司负责建设、开发、运营的模式[①]，主要包括建设、开发、运营、移交等几个阶段。该模式特点在于政府在特许经营权中向项目承包建设方授予了项目相关产业和区域的开发权，以开发权来支持非盈利性基础设施的建设，确保稳定的资金流。

（1）运行机理

在这一融资模式下，首先政府部门和项目承包商进行合作，共同成为这一项目的发起人，然后承包单位结合项目需求成立相应的项目公司，并为公司注入一定的发展资金，同时政府将土地特许权给予该项目公司，由其先投入一定数量的资金开展土地征用和场地清理工作。在完成路线的划定工作后，项目公司再投入一定数量的资金，或采用贷款融资等多种方式筹集资金，完成交通路线的设计、施工和设备采购等相关工作，独立承担此项目施工过程中所需要的项目建造费用和基础设备的购进费用。另外，项目公司在开展施工的过程中除了要完成交通项目的基本建设外，还拥有对交通项目周边涉及的部分土地进行开发的权利。因此，项目公司能够借助土地的开发来获取一定的资金，进而以更充足的资金全力支持交通项目的建设，以保证交通项目建设拥有充足的资金。

---

① 庄焰，王京元，吕慎.深圳地铁4号线二期工程项目融资模式研究[J].建筑经济，2006（9）：19-22.

（2）特点分析

这一模式的特点是，在建设交通项目的过程中，将部分特定的外延收益返还给投资者，并支持其将这部分收益重新应用到项目建设工作中，而另一部分外延收益则以上缴政府的方式作为政府在土地开发方面的收益。这一模式的优点在于，政府在这一过程中不需要动用财政资金支持交通建设项目的开展，只需要赋予项目公司沿线的资源开发权力即可。同时投资者在这一过程中也能够获得特定的投资回报，进而促进企业的良性发展，并让交通基础设施建设得以持续开展。在完成交通项目建设并保证项目运行后，项目公司一般对这一项目享受一定期限的独立运营权，并且在存续期限内对整个项目进行开发、建设、管理和运营等，在期限到达后政府部门回收运营权。在这一过程中，政府部门应该积极发挥自身监督职能，为项目的顺利开展和运行提供相应的保障。

（3）适用条件

这一模式适用于投资额相对较小的贫困地区省级、县乡公路或桥梁项目。

二、水利扶贫项目融资模式设计

水利作为国民经济和社会建设发展的重要基础设施，与民生有着极其紧密的联系，同时关系到我国经济社会的可持续发展。但是水资源问题已经成为一个受到世界各国普遍关注的问题，并对贫困地区的经济建设和发展产生阻碍作用。长期以来，我国一直受到水资源匮乏的限制，是一个缺水干旱的国家，水资源存在分布不均衡的情况，特别是经济欠发达地区，由于水利设施建设条件相对较差，再加上水资源短缺，水资源的使用出现问题，严重限制了该地区的发展。所以当前要想促进贫困地区的发展，还应对贫困地区水利扶贫工作予以高度重视，结合贫困地区的实际情况积极开展水利基础设施建设，逐步解决贫困地区民生水利方面的问题，进而从根本上改善当地居民的生产生活条件，为我国贫困地区经济发展和社会建设贡献一定的力量。

（一）设计原则

1.注重设施公共化与使用私有化之间的协调

自实施农村水费改革以来，我国农业生产一直存在水利设施公共化与用水私有化的矛盾。这种矛盾主要表现在农户虽然能够免费享受农村基本水利设施所带来的积极效用，但是却不承担相应的农田水利基础设施建设义务，而政府部门虽然积极加大对贫困农村地区水利设施建设方面的财政投入，但效率不高，农村水利设施建设基本上处于停滞状态。因此，应采用以财政引导、财政补贴为基础的市场化融资方式，以在一定程度上更好地协调两者之间的关系。

2.注意水利建设项目的低营利特点

不论是大中型还是微小型农田水利设施的建设，其建设过程中的高投入和低回报，以及水利建设项目所带有的公益性质都在一定程度上决定了其营利性相对较差。再加上水利设施相对比较分散，不利于企业进行规模化经营，同时在开展经营活动的过程中，投资的回收期限一般比较长，因此所获得的收益较小。种种条件均不利于企业在短时间内回收资本，因此在经济条件刺激不足的情况下，如果缺乏相应的措施安排，水利建设项目很难通过市场化融资方式获得民间资本的参与。

3.注意自然因素和人为因素对项目的影响

与其他基础设施不同，水利项目建设完工以后，会因自然和人为两方面因素的影响，极易受到损坏，因此需要高度重视日常管理和维护工作。但是农田水利设施的外部性决定了以家庭为基本单位的农户往往无法受到有效的投入激励，导致了农户中普遍存在"搭便车"现象，最终致使农村地区的水利设施维护和管理工作空白，严重影响了农村地区水利设施的长期使用。

（二）模式选择

1."BOT＋土地开发＋农户参与"融资模式

BOT（Build-Operate-Transfer，建造—运营—移交）模式是一种经过改进的PPP模式。

（1）运行机理

首先，政府部门授权开发商基于建设需求组建水利项目公司负责项目的建设、融资和运营。在这一过程中，政府部门应积极与企业和农户建立合作，共同作为经营主体开展经营活动。政府部门主要负责水利设施项目的规划和设计工作，保证能够依据水利设施建设项目的基本类型，合理选择具有一定资质和良好施工能力的企业承担水利设施的建设工作，并且在企业开展水利设施建设工作的过程中，对企业各项工作的开展情况进行监督及负责水利项目的验收工作，切实保障项目建设质量。农户可以以工出资、以工换水的方式参与，节省农村水利建设资金问题。其次，在完成水利设施的基本建设工作后，应该结合水利设施投资回报率，保证参与水利设施建设的企业能够获得一定时期甚至较长期限的设施经营权，协议期满，水利设施连同周边土地开发权一并移交政府。

（2）特点分析

该模式的优点在于既考虑了开发商在此过程中能够获得合理的投资回报，又能够有效地避免产权争端问题，对农民参与积极性的调动也有积极影响。项目公司、承包单位所提供的工程完工担保和土地开发收益质押担保，也能够提高银行对水利项目贷款的积极性。完善的特许经营协议以及合理的风险分担机制是项目成功的关键影响因素。

（3）适用条件

该模式比较适用于贫困农村地区新建设的农田水利设施或河道的维护和疏通。

2.PFI 融资模式

PFI（Private Finance Initiative）即私人主动融资，是一种应用民间资本进行公共工程项目开发的融资模式，具体是指政府部门根据社会对公共设施的需求，提出需要建设的项目，通过招投标，由获得特许权的私营部门或其组建的特殊目的机构进行公共设施项目的设计、施工与维修保养，并在特许期（15～30年）结束时将所经营的项目完好地、无债务地归还政府，而私营部门则定期从政府部门收取费用以回收成本的项目融资方式。

（1）运行机理

在PFI融资模式下，政府部门发起项目，由私人企业负责进行项目的建设和运营，并按事先的规定提供所需的服务；政府部门以购买私营企业提供的产品或服务，或给予私营企业以收费特许权，或政府与私营企业以合伙方式共同运营等，来实现政府公共物品产出中的资源配置最优化，以及效率和产出的最大化。

（2）特点分析

第一，PFI融资模式有广泛的适用范围，不仅可以应用于营利性的城市基础设施，还可以用于非营利性的城市公益项目。第二，PFI融资模式可以拓宽融资渠道，缓解资金压力。PFI融资模式能够广泛地影响私营企业或非官方投资者参与公共物品的产出，实现投融资方式的多元化，不仅大大缓解了政府公共项目建设的资金压力，而且提高了政府公共物品的产出水平，还适当转移了风险。第三，可以提高建设效率。在PFI融资模式下，通过引入私营企业的知识、技术和管理方法，可以提高公共项目的产出效率和降低产出成本，使社会资源配置更加合理化，同时摆脱了长期困扰政府的项目低效率的压力。私营企业追求利润最大化，会积极应用新技术，采用新材料，高效率地利用资源，减少污染。有统计数据表明，采用PFI融资模式，可以节约公共项目10%的成本。总的来说，PFI融资模式是政府公共项目投融资和建设管理方式的重大制度创新。

（3）适用条件

该模式适用于水资源较为丰富的贫困地区大中型水库项目的维护与开发。

三、光伏扶贫项目融资模式设计

中国广大农村地区在长期的发展过程中，由于受到能源和资源贫困的限制，在生产和生活方面不得不依赖于传统的燃料，如使用动物粪便、秸秆等完成烧水、做饭的工作等。传统燃料的燃烧不仅会引发呼吸道等各种疾病，也会对环境造成巨大的破坏。能源的贫困严重限制了农村生产力水平和农民生活质量的提升。因此，从扶贫的角度看，在贫困地区推广和发展新能源是一项解决贫困问题的重要措施。我国贫困地区具有丰富的太阳能、风能等新能源资源，也具备发展新能源的良好基础。其中在光照资源条件较好的地区因地制宜地开展光伏发电扶贫项目，既符合精准扶贫战略的需要，又符合国家清洁低碳能源发展战略的需要，从而在有效保护生态环境的同时，促进贫困人口的稳收、增收。

（一）设计原则

1. 因地制宜确定项目模式

根据扶贫对象的数量、分布及光伏发电的建设条件，在保障扶贫对象每年获得稳定收益的前提下，因地制宜地选择光伏扶贫建设模式和建设场址。例如，对于房屋屋顶质量和空间尚可的贫困地区，应以户用分布式光伏电站为主；对于房屋质量较差、土地资源缺乏的地区，应以村级光伏电站为主；对于有大面积荒山荒坡闲置的地区，可建设集中式光伏电站。

2. 统筹落实项目所需资金

地方政府可以根据光伏发电系统的不同形式和规模，将光伏扶贫项目和其他相关涉农资金进行有效整合，解决光伏扶贫工程建设资金的问题。例如，对于户用分布式光伏电系统建设资金可通过扶贫资金及村级互助资金中政府出资部分作为项目资本金，也可用于贴息，不足部分也可采取农业银行贷款、扶贫小额信贷资金等渠道筹措。

3. 采取资产收益制度安排

结合房屋、空地和荒山荒坡产权归属的不同，采取不用的资产收益安排。如果将光伏发电系统安装在贫困户的屋顶或院落空地，产权和收益自然归贫困户所有；如果将光伏发电系统安装在村集体的土地上，产权就应该归村集体所有，收益经村集体和贫困户协商后按比例分配；如果将光伏发电系统安装在农业大棚等现代农业设施上，产权和收益就应归投资企业和大棚户共有；如果将光伏发电系统安装在无主的荒山荒坡上，产权和收益就应归投资企业所有，之后企业应捐赠一部分股权，由当地政府将这部分股权收益分配给贫困户。

（二）模式选择

1.“政府＋银行＋贫困农户”融资模式

（1）运行机理

地方政府通过招标，选择具有较强资金实力和技术的企业承担光伏电站的建设。一般由地方政府整合中央扶贫资金和地方财政配套资金，按照一定的比例承担光伏电站建设资本金，剩余不足部分由建档立卡的贫困农户向金融机构申请小额信贷。通常由政府或第三方担保公司为建档立卡的贫困农户提供担保，银行为贫困农户提供中长期小额信用贷款，贷款利息由地方财政全额贴息。电站建成后，产权和收益归贫困农户所有，贫困农户从光伏发电收益中逐年偿还贷款本金。另外，负责光伏电站运营的企业负责电站建成后的后期维护工作，相关维护费用可从所管理或提供技术服务的光伏电站项目收益中按一定的比例提取。

（2）特点分析

该模式下贫困农户不仅能够享受全额贴息贷款，而且能获得光伏电站的完整产权和长期收益。

（3）适用条件

该模式适用于在光照条件较好、农村房屋建筑质量较好的地区建设的分布式光伏电站，贷款对象一般为有一定发展能力的建档立卡贫困农户。

2.“政府＋企业＋贫困农户”融资模式

（1）运行机理

地方政府通过特许经营的方式，依法依规、通过招标或其他竞争性比选方式公开选择具有较强资金实力、技术和管理能力的企业来承担光伏电站的建设、运营、管理和技术服务工作。在该模式下，政府和负责光伏电站建设或运营的企业双方按照一定的比例投入相应的资金，其中政府筹措的专项扶贫资金以无偿形式投入，企业以垫付或投资的形式投入。

如果企业选择垫付的形式为项目注入资金，在某种程度上可以说企业扮演了银行的角色，成为贷款主体。如果企业采用投资的形式向项目注入资金，那么企业就成为项目投资的主体，承担大部分的资金投入，产权则完全归企业所有。若企业自有资金不足，也可以向金融机构申请项目贴息贷款。政府投入的财政扶贫资金，一部分用来对企业或金融机构进行贴息，一部分折股量化后直接无偿分配给贫困农户，这样贫困农户就成为光伏发电项目的股东之一，企业将发电所得收益的一部分每年以红利的形式发放给贫困农户。

（2）特点分析

该模式下如果大部分投资资金由政府承担，企业只是垫付一小部分建设资金，那么在电站建成后，政府就会将筹措的扶贫资金折股量化后分配给贫困村和贫困农户，电站产权不归企业而归村集体所有，收益由村集体和贫困户按一定的比例分配。企业垫付的资金由村集体和贫困农户按照一定的比例分期偿还给企业。如果投资主要由企业承担，那么企业就完全拥有电站的产权，企业负责光伏电站后期的运营和维护。贫困农户以政府投资的资金入股，虽不参与电站的维修和运营，但每年定期可分享电站的发电收益。

（3）适用条件

"政府＋企业＋贫困农户"融资模式适用于在光照条件好的荒山荒坡上建设的集中式光伏电站，或是利用农业大棚等设施建设的集中式光伏电站。

四、农业扶贫项目融资模式设计

造成经济落后地区农民收入有限的一个关键因素是农业比较效益不高，农业收入增收渠道不广。因此，拓宽居民的收入渠道是解决当地贫困的办法之一。实践证明，农业产业扶贫具有良好的扶贫效果。通过"发展优势资源—集中生产—引入生产要素（如资本、技术、管理等各类稀缺资源）—产品增值—扩展市场—提高竞争力"这一系列的流程，最终达到增强扶贫效益的结果。开展农业产业扶贫，不仅有助于拓宽贫困地区的收入渠道，提升当地的生产水平，而且有助于推动贫困人口加入产业发展链条中，有效安置赋闲人员，还有助于将贫穷地区的资源优势逐渐转变成经济增长的有利条件，促进贫穷地区的经济增长，改进农民的生活现状。

总之，产业是经济发展的根基，贫困地区应从当地实际出发，结合产业基础、市场诉求、自然条件、资源状况等要素，选取适宜本地发展、具有市场竞争力的农林畜牧等产业，利用农业产业的发展促进建档立卡贫困户增收。

（一）设计原则

1. 以市场为核心

现代农业的生产、经营应以市场为导向，在市场这只无形的手的指挥下对资源加以科学配置。第一，现代农业发展的土地、资本、人员、技术等生产要素均要通过市场机制进行科学配置；第二，现代农业的生产与营销也均要以市场为导向，唯有如此生产的商品才能满足市场需求，并实现价值；第三，生产经营的主体，如农户、加工企业、销售企业等各方的利益分配机制也应科学。

2. 构建多元化的融资体系

农业产业化发展的不断深入，改变了以前以户为单位的农业生产经营模式，同时加大了对资金的需求量。而农业的高风险、低收益的特征制约了农业资金的可获得性。因此，构建以种养大户、农民专业合作社、龙头企业等为农业经营主体的多元化融资体系，成为推动现代农业发展的重要途径。

3. 着眼于农业产业链的层面进行融资

过去只针对某个农户家庭进行信贷支持的做法无法从根本上解决农业产业项目的融资问题，即农业产业项目的融资不应当拘泥于某个农户家庭，而应当站在农业产业链条的层面加以考虑。产业链融资一方面可以缓解农业风险大、收入低和金融资金寻求收益、回避风险的冲突，另一方面能解决农民分化和农业生产运营形式改变所产生的一系列新问题。

（二）模式选择

1. "银行＋龙头企业＋贫困农户"融资模式

（1）运行机理

"银行＋龙头企业＋贫困农户"是一种比较常见的融资模式，在这种模式下，龙头企业和农民直接签署生产销售合同，负责农产品的生产、加工、销售等。

首先，由农产品加工龙头企业和贫困农户签署农产品购买合同，并由企业依据合同中标明的原料供需状况，以担保者的身份为签约的贫困农户提供贷款担保，即龙头企业与金融机构签订担保协议。然后，金融机构对农户申请的借款加以调研、审查，最终确定数额，审批之后向合同农户提供借款。最后，由签订合同的农户向农产品加工龙头企业出售合同中规定的农产品。

（2）特点分析

采取"银行＋龙头企业＋贫困农户"进行融资，具有三个特点。第一，对贫困农户而言，能够解决最初生产资金不足的问题，同时能够有效防止盲目种植问题，从而无须承担农产品无法销售的风险，这可以更有效地达成农民收益提升的目标。第二，对于企业来说，这种模式可以帮企业获取较为固定的农产品，无须担忧因原料不足而妨碍正常生产的问题，从而有利于提高企业的规模收益。第三，对金融机构来说，由于有国家认定的有资质的龙头企业为订单农户提供贷款担保，金融机构因信息不对称而造成的信贷风险也随之降低，从而可以更有效地支持龙头企业和贫困农户按照订单生产和加工相应的农产品，获得相应收益。

（3）适用条件

这种模式能够成功实施的重要前提是当地有效益比较好的龙头企业实施订单生产。这里的龙头企业指的是国家或政府重点扶持的单位，并且在金融机构的信誉级别在A级以上（含A级）。

2. "银行＋合作社＋贫困农户"融资模式

（1）运行机理

"银行＋合作社＋贫困农户"的生产经营形式和"银行＋龙头企业＋贫困农户"的融资模式相似，区别在于"银行＋合作社＋贫困农户"这一模式中发挥核心作用的并非龙头企业而是农业合作组织。在"银行＋合作社＋贫困农户"的模式下，农业专业合作社向金融机构申请贷款并为贫困户提供担保，在获得整体授信和贷款后，合作社将贷款转贷给贫困农户发展生产。在该模式下，合作社是贫困农户的代表，和农业生产资料供应商、农产品贸易公司签订购销合同。

这种融资模式的实施步骤如下：

第一，贫困农户参加合作社，成为合作社的一员，并签署合同，将部分农产品出售和农业生产资料采购的经济权力授予合作社；

第二，由合作社代表成员与农业生产资料供应商和农产品贸易公司签署农产品购销合同；

第三，合作社以农产品购销合同为基础向金融机构申请借款；

第四，金融机构对合作社申请的借款加以调研、审查，最后确定数额，确定后给合作社发放款项，合作社把款项转贷给合作社成员，与社员签订转贷协议；

第五，通常贷款资金由合作社统一使用，即合作社为社员统一组织购买生产资料，统一组织农产品的销售，得到的销售收入扣除社员借款本息外，将剩余资金发放给合作社成员。

（2）特点分析

在这种模式下，因为由农户组成的农业合作组织代表农户践行权责，所以在和农产品收购方和农业生产资料供应商谈判的时候，可以拥有更多的主动权和话语权，有助于产业化生产与农户收入的增加。

（3）适用条件

该模式适用于农业合作社发展较好、农民组织化程度较高、农产品具有一定特色优势的贫困地区。

3."银行＋担保公司＋合作社＋龙头企业＋贫困农户"融资模式

（1）运行机理

这种融资模式的具体实施过程如下：

第一，由政府、担保公司和农业龙头企业三方按照相关要求提供风险补偿金，用来补偿金融机构无法收回的贷款。风险补偿金筹措完成以后，由担保公司为相关企业提供相应数额的担保，如产业链条上的每一个成员，包括农资企业、龙头企业、合作社、农贸批发市场和贫困农户等在资本不足的情况下均能向金融机构申请借款。

第二，农产品生产龙头公司、合作社、农户、农贸批发市场、农业生产资料供应商之间均形成了较为固定的合作关系，如果贫困农户资金不足，农资企业甚至可以将生产资料赊销给贫困农户。

第三，贫困农户在合作社的统一指挥下依照农业龙头企业的需求种植相关的农作物。另外，合作社也能够和距离较近的农户建立非固定合作关系，在收购农作物时，两者可以商谈价格。

第四，等到农产品成熟后，由贫困农户统一交付给合作社，合作社进行初步验收，将验收合格的农产品供应给农业龙头企业，龙头企业对合作社供给的农产品加以检验，检验达标后，把向金融机构申请的相关贷款经由合作社支付给农民。

第五，由龙头企业负责销售，将加工以后的农产品出售给农贸批发市场的零售商或超市。假如产业链条中的某个环节出现问题，金融机构到期无法收回信贷资金，便动用风险补偿金补偿有关损失。

（2）特点分析

该模式实现了农资企业、龙头企业、合作社、农贸批发市场和贫困农户的全产业链融资，核心是龙头企业与农民专业合作社。龙头企业的主要任务是合理预测市场的需求情况，如依据前两年的市场需求情况预估本年的市场需求情况，和农业合作社签订正式或非正式的订单，用以确定农产品的数目、类别、规格、质量等级。此外，龙头企业还必须负责农产品的加工、生产、运输、销售等环节。合作社的作用是将农户和龙头企业连接在一起，将生产目标细分给所有的合作社成员，同时还要代替龙头企业统一收购农户的农产品。担保公司为产业链上的农户、合作社、龙头企业提供融资担保。金融机构在担保公司担保的前提下，向产业链的融资主体提供信贷支持。

（3）适用条件

该模式适用于农产品加工龙头企业和农业合作社发展都较好的贫困地区。该模式成功的关键是建立起以农产品加工龙头企业和农业合作社为核心环节的农业产业链，实现上中下游全产业链融资。

五、旅游扶贫项目融资模式设计

旅游扶贫与传统的社会救助和资源供给等帮扶式扶贫存在明显的差异，主要通过对贫困地区的旅游资源进行充分开发，为贫困人口提供更多的创业、就业机会，强化农民的自我发展能力，最终促使农民群众通过自身的辛勤劳动实现脱贫致富的目的。与其他产业相比，旅游业在扶贫开发方面具有一定的优势，其产业链相对较长，并且产业覆盖面极其广泛，涉及衣、食、住、行、游、购、娱等多个方面。同时，国家在贫困乡村发展旅游业，可以产生大量的就业、创业机会，村民可以灵活选择适合自己的方式实现就业、创业，如开办农家乐、开办家庭宾馆、销售特色农产品等。此外，积极发展旅游业还能够强化农村地区的基础设施建设，优化农民的生产生活环境，在带动贫困乡村经济发展的基础上，为贫困乡村的整体致富提供良好的支持。

（一）设计原则

1. 旅游项目的公益性和营利性

旅游景区可以具体分为经济开发型和资源保护型两种类型，不同类型的景区常设的营利性项目存在一定差异，如资源保护型景区的森林公园资源属于不可再生资源，具有公益性质，主要收入来源为景区门票。

在景区的建设过程中，相关基础设施如游山道等的建设和维护所需费用一般较高，因此，这些项目的融资工作需要政府的支持，包含财政部门直接拨款、政府向银行贷款等多种形式。而对于经济开发型景区的建设，如度假村、生态农业观光园等营利性相对较高的景区，主要通过个人或企业融资。

2. 旅游项目资金流的可持续性

旅游业的营利模式与其他行业的明显差别体现在，资金的流入和流出存在一定的时间差，而稳定的现金流有助于旅游业在发展中适当降低融资成本。因此，可以通过旅游交通和景区管理收费权质押贷款工作，从而获得长期稳定的融资来源。

3. 旅游项目融资的多环节性

旅游项目是一个由景区管理、交通、餐饮、娱乐、商业等多个环节组成的消费服务链，这一服务链上的各个环节其实就是围绕景区旅游而衍生出的行业，旅游项目的经营需要旅游服务链上不同环节的积极配合。从行业性质来看，旅游、住宿、餐饮、商业和娱乐业都属于劳动密集型的服务业，很难获得融资，而当各个环节联合起来后，可以形成的一套完整的服务链，其价值创造能力和获利能力也将明显增强，将更容易获得投资者的青睐。

（二）模式选择

1. "贷款＋债券"组合式融资模式

（1）运行机理

首先在当地政府的领导下成立特定的旅游投资开发公司，再借助相关公司的力量完成旅游扶贫项目的开发工作。其次，旅游开发公司以抵押或质押方式向银行等金融机构申请贷款，抵押或质押方式也可以根据景区的特点进行创新。抵押或质押有多种形式：第一种是建筑物抵押，将景区范围内的配套设施等相关建筑物的所有权或使用权作为抵押进行贷款；第二种是土地抵押，将土地使用权进行抵押贷款，这不仅可以包括景区范围内的山地和土地，还可以包括景区周边由于旅游开发而大幅度增值的土地；第三种是景区开发经营权抵押，将旅游景区的开发经营权作为一项资产进行质押借贷；第四种是门票质押，以景区未来的门票收入或连同其他经营项目的收费权作为质押品向银行贷款。另外，旅游投资开发公司也可将本区域内具有稳定收益的旅游项目进行捆绑打包，通过向特定的经济机构或者社会大众发行旅游扶贫建设项目相关债券进行融资。

（2）特点分析

由政府主导的旅游开发公司可以通过多种抵押形式或通过发行旅游债券的方式，将所筹集到的资金应用到旅游扶贫项目的开发建设工作中，以项目的门票收入或其他经营租金等偿还贷款和债券的本息。这种融资模式降低了金融机构和投资者的放贷或投资风险，使得旅游开发公司比较容易获得融资。另外，如果发行债券，债券的偿还期限可以采取长短期相结合的方式，这样可以和银行贷款形成资金流上的互补，以保证资金的持续性。

（3）适用条件

对旅游扶贫项目中具有良好发展前景、未来有稳定现金流的旅游项目，可以通过"贷款＋债券"组合的方式进行融资，以吸引银行和民间投资。

2. 期权开发合约模式

（1）运行机理

期权合约设计的步骤如下：

第一步，政府委托从事期权交易的专业评估机构对旅游资源的收益潜力进行评估，对那些景区开发时间长、工程量大的项目，可以将不同阶段划分为不同的开发合约，并在合约中嵌入下一期具有优先投资开发权利的期权，从而使有意投资开发景区旅游工程的资金借助此渠道进入到景区开发项目，并有充分的机会在流通市场如产权交易所流通。

第二步，政府通过特许经营权等方式，吸引开发商投入开发资金，进而实现旅游项目的增值。

第三步，景区项目在开发过程中出现良好的市场形势，使景区下一阶段的开发权利增值，形成带有实值期权性质的开发合约。投资商可以将这种期权性质的合约在产权交易市场高价转手，将先期投入的资金进行套现获得一部分收益；也可以凭借此份合约再以优惠价格购入下一期景区开发合约，持续对项目投资，通过项目的运营获得相应份额的红利。

（2）特点分析

通过运用非交易所市场的合约交易，将景区的开发建设与金融工具联系起来，可以订制化、灵活性地为投资者提供服务，也可以方便融资者利用金融市场获取融资，并避免层层审批管理的麻烦；景区投资管理企业可以聘请专业的投资银行机构进行设计开发，一方面可以提高合约的针对性；另一方面可以提高合约的流动性，以利于融资效率的提高。

（3）适用条件

该模式一般适用于景区开发时间长、工程量大、未来收益潜力大的全域式旅游资源的开发项目。

3. 资产证券化融资模式

资产证券化是把缺乏流动性但预期未来具有稳定现金流的资产汇集起来，形成一个资产池，通过结构性重组的方式将其转变为可以在金融市场中出现和流通的证券，从而实现融资的过程。

（1）运行机理

对于旅游景区项目中原本需要政府前期投资或银行贷款的，可以在景区项目投入运营后把旅游资产的未来现金流打包，然后将这部分资产出售给SPV[①]以获得资金；SPV以打包的资产为基础，通过增级机构对资产的增级以及信用评级机构的评级之后，发行证券，证券可以通过在证券市场上转让获取到可以使用的资金用于景区项目的开发建设。

---

① Special Purpose Vehicle，简称 SPV。在证券行业，SPV 指特殊目的的载体，也称为特殊目的机构/公司，其职能是在离岸资产证券化过程中，购买、包装证券化资产和以此为基础发行资产化证券，向国外投资者融资。

（2）特点分析

该模式的优点是将景区的经营收入作为证券投资人的收益来源。这一模式通过资产证券化的方式把项目交给商业化的机构运营，既可以起到支持旅游业发展的目的，还可以起到正确引导资金走向的作用，将政府支持、银行贷款和市场化运作结合起来。旅游资源经营虽然有未来稳定的现金流，但在前期投资中引入民营资本依然会存在种种困难，资产证券化构成了一个桥梁，将政府投资和贷款转换为民营资本，撤出的政府资金还可以作为旅游发展的滚动基金。

（3）适用条件

该模式主要适用于贫困地区开发时间较长、管理运营较为成熟、景区收入稳定、在国内外享有较高知名度的5A景区及周边附属项目的开发。

参考文献

[1]陆超.读懂乡村振兴[M].上海：上海社会科学院出版社，2020.

[2]陈国胜.乡村振兴温州样本[M].北京：中国农业大学出版社，2019.

[3]蒋高明.乡村振兴选择与实践[M].北京：中国科学技术出版社，2019.

[4]黄郁成.城市化与乡村振兴[M].上海：上海人民出版社，2019.

[5]西北农林科技大学.乡村振兴的青年实践[M].北京：中国青年出版社，2019.

[6]郭艳华.乡村振兴的广州实践[M].广州：广州出版社，2019.

[7]王昆，周慧，张纯荣.乡村振兴之路[M].北京：北京邮电大学出版社，2018.

[8]孔祥智，等.乡村振兴的九个维度[M].广州：广东人民出版社，2018.

[9]刘汉成，夏亚华.乡村振兴战略的理论与实践[M].北京：中国经济出版社，2019.

[10]温铁军，张孝德.乡村振兴十人谈乡村振兴战略深度解读[M].南昌：江西教育出
版社，2018.

[11]王宝升.地域文化与乡村振兴设计[M].长沙：湖南大学出版社，2018.

[12]黄志友，崔国辉.乡村振兴探索丛书有机乡村[M].石家庄：河北人民出版社，
2019.

[13]彭震伟.乡村振兴战略下的小城镇[M].上海：同济大学出版社，2019.

[14]刘奇.乡村振兴 三农走进新时代[M].北京：中国发展出版社，2019.

[15]王玉斌.中国乡村振兴理论与实践探索[M].北京：中国农业大学出版社，2019.

[16]苟文峰，等.乡村振兴的理论、政策与实践研究[M].北京：中国经济出版社，
2019.

[17]鲁可荣，杨亮承.从精准扶贫迈向乡村振兴[M].昆明：云南大学出版社，2019.

[18]梅淑娥.脱贫攻坚三门峡 乡村振兴新征程[M].北京：经济日报出版社，2019.

[19]罗国芬.乡村振兴与农村留守儿童教育[M].南京：河海大学出版社，2019.

[20]白雪秋，聂志红，黄俊立，等.乡村振兴与中国特色城乡融合发展[M].北京：国家行政学院出版社，2018.

[21]时锦雯，蒋周凌.教育扶贫脱贫研究[M].北京：线装书局，2018.

[22]邹吉忠.扶贫·脱贫·防返贫[M].北京：中国经济出版社，2019.

[23]郭玮.深入实施精准扶贫精准脱贫[M].北京：中国言实出版社，2017.

[24]张琦.产业扶贫脱贫概览[M].北京：中国农业出版社，2018.

[25]吴一平，乔鹏程，刘向华.精准扶贫脱贫战略模式研究[M].北京：中国农业出版社，2019.

[26]张琦，黄承伟，等.完善扶贫脱贫机制研究[M].北京：经济科学出版社，2015.

[27]汪三贵.脱贫攻坚与精准扶贫[M].北京：经济科学出版社，2020.

[28]邹德文.精准扶贫精准脱贫[M].北京：人民出版社，2019.

[29]郑长德.精准扶贫与精准脱贫[M].北京：经济科学出版社，2017.

[30]黄承伟，覃志敏.精准扶贫精准脱贫方略[M].长沙：湖南人民出版社，2018.

[31]郭建宇.精准扶贫精准脱贫百村调研[M].北京：社会科学文献出版社，2019.

[32]牛建林.精准扶贫精准脱贫百村调研[M].北京：社会科学文献出版社，2019.

[33]陈秋红，栗后发，王书柏.精准扶贫精准脱贫百村调研[M].北京：社会科学文献出版社，2019.

[34]李实，赵人伟.中国居民收入分配再研究[J].经济研究，1999（4）：3-17.

[35]刘贵富.产业链的基本内涵研究[J].工业技术经济，2007，26（8）：92-96.

[36]卜庆军，古赞歌，孙春晓.基于企业核心竞争力的产业链整合模式研究[J].企业经济，2006（2）：59-61.

[37]邓小梅，曾亮，肖红磊.我国扶贫旅游产业链优化研究[J].世界地理研究，2015，24（3）：167-175.

[38]黄承伟，覃志敏.贫困地区统筹城乡发展与产业化扶贫机制创新——基于重庆市农民创业园产业化扶贫案例的分析[J].农业经济问题，2013（5）：51-55.

[39]徐翔，刘尔思.产业扶贫融资模式创新研究[J].经济纵横，2011（7）：85-88.

[40]唐建兵.集中连片特困地区资源产业精准扶贫机制研究——以四川藏区为例[J].四川民族学院学报，2016，25（2）：50-55.

[41]白丽，赵邦宏.产业化扶贫模式选择与利益联结机制研究——以河北省易县食用菌产业发展为例[J].河北学刊，2015，35（4）：158-162.

[42]韩斌.我国农村扶贫开发的模式总结和反思[J].技术经济与管理研究，2014（6）：119-122.

后 记

　　乡村是具有自然、社会、经济特征的地域综合体，兼具生产、生活、生态、文化等多重功能，与城镇互促互进、共生共存，共同构成人类活动的主要空间。乡村兴则国家兴，乡村衰则国家衰。

　　全面建成小康社会和全面建设社会主义现代化强国，最艰巨最繁重的任务在农村，最广泛最深厚的基础在农村，最大的潜力和后劲也在农村。实施乡村振兴战略，是解决新时代我国社会主要矛盾、实现"两个一百年"奋斗目标和中华民族伟大复兴中国梦的必然要求，具有重大现实意义和深远历史意义。

　　乡村振兴战略以坚持农业农村优先、实现城乡融合发展为指导理念，总体按照"产业兴旺、生态宜居、乡风文明、治理有效、生活富裕"的目标，具体在农业、农村、农民和农地四个维度进行制度设计。与此同时，党的十九大之后，党中央将打好脱贫攻坚战作为全面建成小康社会的三大攻坚战之一。2018年2月，《中共中央 国务院关于实施乡村振兴战略的意见》正式提出要"做好实施乡村振兴战略与打好精准脱贫攻坚战有机衔接"工作。2018年8月，《中共中央 国务院关于打赢脱贫攻坚战三年行动的指导意见》再次提出"统筹衔接脱贫攻坚与乡村振兴"的要求。2018年9月，《国家乡村振兴战略规划（2018—2022年）》进一步提出"推动脱贫攻坚与乡村振兴有机结合相互促进"的要求。可见，乡村振兴与脱贫攻坚有机衔接问题在政策的顶层设计层面越来越趋于明晰化。未来几年，我国将进入乡村振兴与脱贫攻坚叠加推进时期，因此，在乡村振兴背景下探讨脱贫攻坚问题十分必要。

基于以上原因，笔者撰写了此书。在探索研究的同时，笔者深感责任重、压力大，自知本书一定有不完善之处，还望广大专家、读者提出宝贵的意见，在此诚恳致谢。